Christiane & Alexander Sautter

Alltagswege zur Liebe

„Wenn man das menschliche Leben als heilig betrachtet –
so wie ich das tue –, dann wird das Familienstellen
zu einer spirituellen Erfahrung
und führt zu Erkenntnissen,
die die menschliche Energie
aus den Fesseln der Vergangenheit befreien
und den Weg zur vollen menschlichen Entfaltung öffnen."[1]

Virginia Satir

Christiane Sautter und Alexander Sautter

Alltagswege zur Liebe

Familienstellen als Erkenntnisprozeß

Ibera

1. Auflage

Die Deutsche Bibliothek – CIP-Einheitsaufnahme
Sautter, Christiane & Alexander:
Alltagswege zur Liebe / Christiane & Alexander Sautter. – Wien :
IberaVerlag, 2000
ISBN 3-85052-026-9

Lektorat: Genia Gazda
Coverbild: Ilonka Hobbach
Herstellung: Manz Crossmedia GmbH Co KG, 1051 Wien
Bindung: Papyrus, Wien

ISBN- 3-85052-026-9

Inhaltsverzeichnis

Vorwort

„Wenn ich in den Sprachen der Menschen und Engel redete, hätte aber die Liebe nicht, wäre ich ein dröhnendes Erz oder eine lärmende Pauke.“ *1. Korinther 13*

Dies ist ein Buch über das Familienstellen, eine Technik, die zur systemischen Psychotherapie gehört. Sie wurde 1965 von der amerikanischen Familientherapeutin Virginia Satir entwickelt und „Familienrekonstruktion“ genannt. Bert Hellinger entwickelte diese Technik weiter und machte sie im deutschsprachigen Raum unter dem Namen „Familienstellen“ bekannt. Der Einfachheit halber übernehmen wir diese Bezeichnung.

Dies ist kein Buch über die Arbeit Hellingers. Es vermittelt unsere Sichtweise von der systemischen Psychotherapie, die stark von Virginia Satir geprägt ist, und unsere Erfahrungen mit dem Familienstellen, die sich auf einige hundert Aufstellungen gründen. Wir nennen das Buch „Alltagswege zur Liebe“, weil das Familienstellen es ermöglicht, daß Liebe auch in schwierigsten Situationen im Alltag erlebbar wird und heilt.

Familienstellen hat uns von Anfang an fasziniert. Wir kennen keine andere Gruppentechnik, mit der man auf so vielen Ebenen mit so vielen Menschen gleichzeitig arbeiten kann. Die Aufstellung erfordert höchste Konzentration und tiefes Einfühlungsvermögen. Verstand, Gefühl und Intuition sind gleichermaßen wichtig, und zwar nicht nur bei den Therapeuten, sondern bei allen, die bei der Aufstellung mitwirken. So entsteht ein intensiver, tragfähiger Gruppenprozeß, zu dem jeder seinen Teil beiträgt und bei dem jeder wichtig ist. Mit dieser Unterstützung kann die Dynamik im Familiensystem deutlich werden, und Lösungen werden erkennbar und umsetzbar. Das Mittel, das die schlimmsten Schwierigkeiten heilt und löst, ist dabei immer die Liebe, und sie kann von allen Beteiligten tief empfunden werden. Ganz gleich, um welche Alltagsgefühle es sich handeln mag – um Haß, Wut, Neid oder Minderwertigkeit – die Liebe erfaßt und verwandelt sie.

Dieses Buch ist für jeden gedacht, der sich für die systemische Psychotherapie und für den Erkenntnisprozeß „Familienstellen" interessiert. Diejenigen, die an einer Aufstellung teilnehmen wollen, können sich eingehend darüber informieren, was in einem Seminar auf sie zukommen mag. Auch wenn Sie das Familienstellen schon kennen, gibt Ihnen das Buch Einblicke in die etwas andere, die systemische Sichtweise. Doch Vorsicht! Das Buch ist, wie uns einer der systemischen „Götter" entgegenschleuderte, *populärwissenschaftlich.* Darauf sind wir stolz, denn wir möchten auch von Menschen verstanden werden, die den Olymp akademischer Wissenschaften nicht erklommen haben.

Im ersten Teil befassen wir uns mit den Ordnungsprinzipien, die beim Familienstellen angewandt werden. Wir beschäftigen uns damit, wie man den Begriff „Ordnung" interpretieren kann, damit ganz klar ist, wovon wir sprechen, wenn wir „Ordnung" sagen. Der kurze Abriß der Wissenschaftsgeschichte soll den Unterschied zwischen der systemischen und der analytischen Perspektive verdeutlichen, und weil, wie Einstein sagte, jede Arbeit nur so gut sein kann, wie die Theorie, die dahinter steht, widmen wir der Allgemeinen Systemtheorie, auf die sich die Ordnungsprinzipien beim Familienstellen gründen, ein Kapitel.

Im zweiten Teil informieren wir Sie zuerst umfassend über das Familienstellen, befassen uns dann mit der Dynamik, die beim Zusammenleben der Familiengemeinschaft entsteht, und deren Auswirkung auf den erwachsenen Menschen. Im dritten Teil machen wir Sie mit den Störungen bekannt, die in Familien am häufigsten vorkommen, und zeigen, wie diese durch das Familienstellen behoben werden können. Im vierten und letzten Teil geht es um Spiritualität, und wir beschränken den Begriff nicht, wie es heute oft geschieht, auf die Esoterik. Jeder Mensch ist spirituell, weil er lebt und liebt, und wie er seine ihm eigene Spiritualität zum Ausdruck bringt – ob im Kontext einer der großen Religionen, durch die Liebe zur Natur, zu Tieren oder zu den Menschen, durch Musik, Malerei, Tanz, Sport oder durch Esoterik – ist sein ureigenes Recht, und es steht uns nicht zu, darüber zu urteilen.

Zum Schluß möchten wir uns bei allen bedanken, ohne die dieses Buch nicht möglich gewesen wäre: Bei unserem Vater und Schwiegervater Peter Güllekes dafür, daß er sein Wissen über die Geschichte Europas mit uns teilte und das Manuskript korrigierte. Bei der Diplompsychologin und Psychotherapeutin Margitta Jäger, mit der alles begann, weil sie unser Interesse an Psychologie und Psychotherapie weckte, und unter deren Anleitung Christiane die Werke Sigmund Freuds verschlang. Vor allem aber bei Sabine und Walter Cormann vom Psychotherapeutischen Weiterbildungszentrum in Lindau, die uns an ihrem reichen Erfahrungsschatz teilhaben ließen und systemische Familientherapeuten aus uns machten. Danke unseren Organisatorinnen Christine Fonseca, Elsbeth Powischer, Ingrid Münchow, Ursula Lachniet und Myra Götz-Maas, die unser Konzept unterstützen und die Kurse praktisch möglich machen. Danke auch allen Teilnehmern unserer Seminare, durch die unser Wissen zu Erfahrung wurde. Unser besonderer Dank gilt denjenigen, deren schriftliche Rückmeldung wir im Buch verwenden durften.

Christiane und Alexander Sautter

TEIL I: VORAUSSETZUNGEN

Kapitel 1

Ordnung muß sein! – Muß Ordnung sein?

„Das Universum ist geordnet, und für uns als menschliche Wesen gilt dies ebenfalls. Wir vermögen die Geordnetheit des Menschseins nicht immer zu erkennen – gewöhnlich, weil wir nicht schauen oder weil wir nicht mit wirklich offenen Augen schauen.“[2] *Virginia Satir*

In diesem Kapitel geht es um Ordnung, denn das Herstellen der „richtigen Ordnung“ ist ein Hauptbestandteil des Familienstellens, doch läßt sich das Wort „Ordnung“ vielfältig interpretieren. Für manche ist Ordnung lebenswichtig, für andere ist sie Ausdruck spießerhafter Enge. Hat sich die allgemeine Vorstellung von Ordnung nach dem Zweiten Weltkrieg nicht entscheidend gewandelt? Da wir den Wertewandel der letzten vierzig Jahre hautnah miterlebt haben, reflektieren wir das Thema „Ordnung“ nicht nur quasi objektiv „von außen“, sondern auch sehr subjektiv „von innen“ anhand eigener Erfahrungen, immer auf der Suche nach der „Geordnetheit des Menschseins“.

Ordnung muß sein! Stimmt – oder etwa nicht? „Halte Ordnung und die Ordnung wird dich halten“, sagte der Kirchenvater Augustinus, und er meinte damit die religiöse, die biblische Ordnung, nach der jeder sein

Leben ausrichten soll. „Ordnung ist das halbe Leben“ meint der Volksmund, und versteht darunter, daß wir uns nach bestimmten, allen vertrauten Regeln richten sollen, um das Zusammenleben zu vereinfachen. „Wer Ordnung hält, ist zu faul zum Suchen!“ konterte die Jugend. „Law and order“, die Forderung nach „Recht und Ordnung“, dies alles klingt nach Repressalien, die nur dazu dienen, die freie Entfaltung einzuschränken. Dieses Mißtrauen hat historische Gründe, denn auch Diktatoren wie Hitler, Stalin, Idi Amin und Milosevic setzten im Namen von Recht und Ordnung ihre Gewaltverbrechen durch. Die Frage, ob wir überhaupt eine Ordnung brauchen und um welche Ordnung es sich dabei handelt, ist also nicht so leicht zu beantworten. Es lohnt sich jedoch, ihr nachzugehen.

Das Wort „Ordnung“ hat mehrere Bedeutungen. „Ordnung halten“ meint ganz allgemein, daß wir unser Zuhause mit Schränken und Schreibtischen, Schubladen und Taschen aufräumen und daß dieser Zustand beibehalten wird. Die Grenze, wo Ordnung aufhört und Unordnung anfängt, ist individuell verschieden, doch ganz allgemein kann man wohl sagen, daß dann Ordnung herrscht, wenn sich die Dinge an dem ihnen zugedachten Platz befinden. Wenn jedoch das Lebensglück vom aufgeräumten Wohnzimmer abhängt und jede Staubfluse Putzorgien hervorruft, ist Ordnung zur Sucht geworden, die Lebendigkeit verhindert.

Im politischen Sinne bedeutet Ordnung, daß allgemeingültige Gesetze das Leben der Gesellschaft regeln. Die öffentliche Ordnung wird als Voraussetzung für ein reibungsloses Zusammenleben betrachtet, und wer sie stört, hat mit Sanktionen zu rechnen. Diese Ordnung teilt Rechte und Pflichten zu, und sie ermöglicht, daß wir uns vor Willkür und Gewalt einigermaßen sicher fühlen. Wir nennen die Polizei, die uns vor denjenigen schützen soll, die sich nicht an die gesellschaftlichen Gebote halten, denn auch „Ordnungshüter“. Der Mißbrauch der politischen Ordnung ist uns allen nur zu bekannt. Wenn Machthaber ihre persönlichen Interessen im Namen von Gesetz und Ordnung durchsetzen, geschieht den Andersdenkenden Unrecht. Krieg, Völkermord, Folter, Vertreibung und Enteignung sind die Werkzeuge, und sie geschehen täglich.

Die Religionen sprechen von der göttlichen Ordnung, die durch die heiligen Schriften überliefert ist. Die Christen stützen sich auf die Bibel, die Moslems auf den Koran, die Juden haben die Thora und den Talmud und die Hindus die Veden. Die Ordnung, die hier verkündet wird, regelt das Leben der Menschen durch Gebote. Diese haben eine moralische Komponente, denn wer sie befolgt, ist gut und kommt ins Himmelreich, die anderen sind dagegen böse, sie sündigen und ihnen droht die Hölle. Damit verbunden ist Schuld, die nur durch Buße gesühnt werden kann. Die Kirche bestimmt den Umfang der Buße, um die göttliche Ordnung wiederherzustellen, und wiederum ist die Möglichkeit des Mißbrauchs offensichtlich. Fundamentalisten aller Religionen unterdrücken im Namen der göttlichen Ordnung die freie Entfaltung der Menschen, und es geschieht auch heute noch leider gar nicht so selten, daß im Namen dieser Ordnung gemordet wird.

Ordnung wird oft auch mit Tradition gleichgesetzt, denn Tradition bildet sich aus dem Bewahren überlieferter Ordnungen. Wenn man den Alten Glauben schenkt, war in der „guten alten Zeit“ alles anders. Die Feste wurden nach den Jahreszeiten gefeiert, und wenn zwei junge Leute heirateten, wußten sie, was von Mann und Frau erwartet wurde. Die Frau stand dem Haushalt vor, gebar Kinder und erzog sie, der Mann ging arbeiten und verdiente Geld. Nie wäre es der Frau eines Bauern oder eines Bäckers eingefallen, etwas anderes zu tun, als in der Landwirtschaft oder in der Bäckerei mitzuhelfen. Der älteste Sohn erfüllte zumeist stolz die Erwartung seines Vaters, den Hof oder das Geschäft zu übernehmen, und die Töchter warteten – meistens – mit dem Kinderkriegen, bis sie verheiratet waren. Sonntags ging man in die Kirche, und die Kinder trugen fröhlich Festtagskleidung. Natürlich trügt diese Idylle, denn Menschen, denen diese Grenzen zu eng waren, mußten ihre Heimat verlassen, da in der dörflichen Gemeinschaft so viel Individualität nicht toleriert wurde.

Und wie ist es heute? Tradition wird nur noch im ländlichen Raum und zu den beliebten Heimatfesten hochgehalten. Ansonsten wird Individualität höher bewertet als Gemeinschaft und gemeinschaftliches Tun. Wir haben uns freigekämpft vom Mief der alten Ordnung, doch dämmert uns langsam, daß die Individualität oft genug in krasse Egozentrik ausufert und daß die Ellenbogengesellschaft mit ihren Einzelkämpfern schon heute vielen Jugendlichen so wenig Sinn verspricht, daß sie sich ihr klar verweigern. Die alte Ordnung entspricht unserer hochtechnisierten, schnellen Welt nicht mehr, doch gibt es wirklich etwas Neues, etwas, das „unserem Leben einen sinnvollen Rahmen gibt", wie es ein junger Mann in einem unserer Kurse so treffend ausdrückte?

Allen Ordnungsbegriffen ist gemeinsam, daß sie das Leben vereinfachen wollen, indem sie Regeln geben, nach denen sich jeder richten soll. Das schafft eine gemeinsame Grundlage, die, da sie nicht täglich neu bestimmt werden muß, gewisse Sicherheiten gibt. Daß die Regeln, die aus der Ordnung abgeleitet werden, mißbraucht werden können, ist ebenso offensichtlich. Aus diesem Grund gebrauchen wir den Begriff „Ordnung" heute so vorsichtig und tasten ihn sorgfältig darauf ab, ob er uns wirklich nur eine Grundlage gibt oder ob er uns in unserer persönlichen Entfaltung einschränkt.

Natürlich ging der Ordnungs- und Wertewandel der letzten vierzig Jahre nicht spurlos an uns vorbei. Wir erlebten ihn und versuchten auf unsere Art darauf zu reagieren. Wir denken, daß es vielen Menschen ähnlich ging, und deshalb schildert Christiane ihre persönliche Suche nach der neuen Ordnung:

Ich bin glücklicherweise lange genug nach dem Krieg geboren, um in stabilen ökonomischen Verhältnissen aufzuwachsen. Den „Wertewandel", der spürbar in den sechziger Jahren in unserer Gesellschaft einsetzte, erlebte ich hautnah mit, und vielleicht kommt Ihnen vieles an meiner Geschichte bekannt vor.

In bezug auf Ordnung reagierte ich wie viele Kinder. Der Forderung meiner Eltern, das kreative Chaos meines Kinderzimmers aufzuräumen, kam ich nur widerwillig nach. Später waren es nicht mehr Holzklötze, sondern Berge von Klamotten, die ich jeden Morgen aus dem Schrank zerrte, um klasse auszusehen. Doch kaum etwas hielt meinem überkritischen Blick stand, und so riß ich mir die Sachen frustriert wieder vom Leib und stopfte sie der Einfachheit halber unters Bett. Meine Mutter machte deutliche Anmerkungen zu meinem „Saustall" und legte manchmal, wenn ich in der Schule war, gnädigerweise selbst Hand an.

Ordnung war jedoch überhaupt nicht „in". Auf der Straße tobten die Studenten um Rudi Dutschke, und wenn ich auch – wie ich damals fand – mit meinen zwölf Jahren leider viel zu jung war, um an dieser spannenden Randale teilzunehmen, verfolgte ich die Unruhen mit großem Interesse. Die Jeans wurden zum Kleidungsstück des Protests, und wenn ich es geschafft hatte, statt „anständig" gekleidet zu sein, in meinen abgewetzten Hosen ins Konzert zu gehen, fühlte ich mich der Außerparlamentarischen Opposition, der APO, zugehörig, obwohl ich politisch überhaupt nicht interessiert war. Oswald Kolle und Beate Uhse predigten die sexuelle Revolution. Die Bilder von nackten Frauen, die vor nicht allzu langer Zeit noch unter der Ladentheke gehandelt wurden, sah man auf fast jeder Illustrierten, und die Kinoplakate, die Sexfilme anpriesen, fand man immer mehr auch in der Innenstadt und nicht mehr nur im schmuddeligen Dortmunder Norden. In den USA sangen die Hippies von Liebe und Weltfrieden, und leider war ich immer noch viel zu jung, um an dem berühmten Festival in Woodstock teilnehmen zu können. Doch fasziniert sah ich mir im Kino im langen Schlabberkleid die Dokumentation an. „Make love not war", riefen wir im Chor auf den Demonstrationen gegen den Vietnamkrieg, und auch hier war mein Protest nicht wirklich politisch motiviert. Ich genoß das Gefühl des Aufbruchs, das damals die Jugend elektrisierte, das Gefühl, daß wir etwas wirklich Neues schaffen konnten, wenn es uns gelang – unterstützt von Jimi Hendrix, den Beatles und den Stones –, die alten Ordnungen über den Haufen zu werfen.

Für mich ereignete sich die Revolution vor allem auf dem Schlachtfeld meiner Studentenbude, und nie werde ich das entsetzte Gesicht meiner Mutter vergessen, als sie einmal unangemeldet bei mir hereinschneite. Um es anders zu machen als die „Spießer", machten wir die Nacht zum Tag, und da wir Musik studierten, übten wir von Mitternacht bis in die frühen Morgenstunden in einem Pianohaus mitten in der Stadt, dessen Besitzer uns freundlicherweise seine Flügel überließ. Es dauerte eine Weile, bis ich merkte, daß ich nachts mindestens die doppelte Zeit wie tagsüber brauchte, um ein technisches Problem auf meinem Instrument zu bewältigen, und so kehrte ich reumütig zur alten Ordnung und in mein Bett zurück.

Bestimmte Ordnungen kippte ich nie. Obwohl der Spruch „Wer zweimal mit derselben pennt, gehört schon zum Establishment" sehr „in" war, legte ich Wert auf Treue in der Beziehung und heiratete ganz altmodisch schon mit dreiundzwanzig Jahren. Auch die Wohngemeinschaften und Kommunen gingen an mir vorüber. Für Kommunen war ich viel zu unpolitisch, und in den Wohngemeinschaften scheiterte das Zusammenleben nach kürzester Zeit an so trivialen Dingen wie Badputzen und Geschirrspülen, denn für dreckige Waschbecken und verschimmelte Kühlschränke war in meinem kreativen Chaos kein Platz.

Mit der Zeit begann mich der Sinn des Lebens zu interessieren. Ich probierte verschiedene Ernährungssysteme und Lebensformen aus, wurde Vegetarierin, übte Yoga und Zenmeditation, schloß mich der alternativen Szene an und genoß das vielfältige Angebot, das die Stadt Berlin ihren Studenten bot. Meine Ehe wurde schwierig, weil wir beide merkten, daß die alten Modelle nicht mehr paßten, ohne daß neue an ihre Stelle getreten waren, und so wurden wir unfreiwillig zu Pionieren in der Gestaltung einer neuen Form von Paarbeziehung. Ich verlegte meine Forschung eher auf den Feminismus, mein Mann erprobte das Feld der freien Beziehung mit wechselnden Freundinnen. Nach einigen Jahren erklärten wir beide das Experiment für gescheitert und trennten uns als gute Freunde.

Wir waren kein Einzelfall. Überall um uns herum „krachten" die Beziehungen, Paare trennten sich, und die Kinder blieben verwirrt zurück. Offene Beziehungen und sexuelle Freizügigkeit hatten nicht die Befreiung gebracht, die man sich von ihnen erhofft hatte: Diese Modelle schienen leider nicht zu klappen. Langsam dämmerte uns, daß es nicht ausreichte, das Alte über Bord zu kippen, um ein glücklicheres Leben zu führen. Doch wer hatte die Antwort auf unsere drängenden Fragen?

Den Kirchen mit ihrem patriarchalischen Machtgefüge standen wir sehr kritisch gegenüber, und so machten viele von uns Ausflüge in östliche Religionen. Wir sammelten Erfahrungen mit indischen Gurus, tibeti-

schen Rimpotsches und arabischen Sufimeistern, doch entsprach die Realität in Asien oft nicht unseren romantischen Vorstellungen.
Ich selbst wurde gründlich ent-täuscht. Als glühende Anhängerin des tibetischen Buddhismus machte ich eine Reise durch Ladakh, das einstige Westtibet, den einzigen Teil des „gelobten Landes", der damals überhaupt zugänglich war. Den buddhistischen Eingeborenen dort schrieb ich alle nur denkbar guten, geistvollen Eigenschaften zu und war überaus glücklich, als ich auf dem Dach des „Guesthouse" in Leh, in dem wir ein Zimmerchen gemietet hatten, einen kleinen, reich bemalten Tempel mit einer wunderbaren Buddhastatue entdeckte. Hier oben im Tempel auf dem Dach der Welt meditieren! Meine kühnsten Träume sollten schon bald in Erfüllung gehen. Ich trug meinen Wunsch mit dem Hinweis, ich sei auch Buddhistin, der englisch radebrechenden Tochter des Hauses vor. Sie blickte mich skeptisch an, willigte aber ein, ihren Vater zu fragen. Am nächsten Tag ließ er mich rufen, und ich trat siegesgewiß vor ihn. Doch er schaute mich nur verächtlich an und meinte, Frauen hätten im Tempel nichts zu suchen. Selbst wenn er des Englischen so weit mächtig gewesen wäre, daß er meinen religionswissenschaftlichen Ausführungen hätte folgen können – immerhin hatte der Buddha schon vor 2500 Jahren den Frauen in Indien den Weg zur Erleuchtung geöffnet –, bezweifele ich, daß ich ihn überzeugt hätte.
Nie werde ich vergessen, wie ich zum erstenmal bemerkte, daß unsere Boys in Nepal, ihrer Religion nach Hindus, mich völlig ignorierten, wenn mein Mann nicht bei mir war. Sie nahmen sich sogar einfach meine Kamera, weil das „Nein" einer Frau eben nicht zählte. Ich war nun keineswegs gewillt, das westliche Patriarchat gegen ein östliches einzutauschen, und sah auch nicht ein, warum ich mich dem indischen Guru nicht nähern durfte, nur weil ich meine Periode hatte. So beendete

ich meinen Ausflug in den Osten, weil ich auch dort nicht fand, wonach ich suchte.

Nicht nur mir ging es so. Wieder zurück in Mitteleuropa, sammelten sich die „Morgenlandfahrer“ und versuchten, sich durch Kleidung und alternativen Lebensstil von der „bürgerlichen“ Gesellschaft abzugrenzen. Spätestens aber wenn Kinder kamen und die Schulpflicht diese in die staatlichen Schulen rief, wurde die Unvereinbarkeit beider Lebensweisen deutlich – Kinder wollen nun einmal dazugehören –, und viele Schaktis und Schivas wurden wieder zu Gisela und Kurt. Es schien, als ob wir etwas finden mußten, das uns Westlern entsprach, denn ob es uns nun paßte oder nicht, wir waren entscheidend geprägt von unserer Kultur. Nicht, daß die wirklichen Meister Indiens und Tibets uns nicht immer wieder darauf hingewiesen hätten, wie zum Beispiel der Dalai Lama, den ich 1998 im riesigen Festzelt in Schneverdingen sagen hörte, daß es den wenigsten Menschen gut bekomme, eine östliche Religion mit ihrem völlig anderen kulturellen Hintergrund zu übernehmen.

Wir waren uns sicher, daß eine universelle Ordnung existierte, denn Ordnung schien ein natürlicher Bestandteil des Universums zu sein. Die Planeten folgen einer festgelegten Bahn, die Jahreszeiten wechseln sich ab, die Pflanzen wachsen und vergehen nach einem bestimmten Rhythmus, Tiere paaren sich zu immer der gleichen Zeit, und auch unser Körper funktioniert nach einem festen Plan. Wann immer wir willkürlich in diese Ordnung eingreifen, bekommen wir über kurz oder lang die Quittung. Die Eingriffe in unser Ökosystem und die daraus resultierende globale Erwärmung macht sich in Form von Stürmen mit ungeheurer Vernichtungskraft, von Überflutungen großer Landstriche und lang anhaltenden Dürren bemerkbar. Die globale Erwärmung der Meere ver-

nichtete im Pazifik fast alle Korallenriffe, die mindestens hundert Jahre brauchen werden, um sich neu zu bilden. Am unmittelbarsten betrifft es uns jedoch, wenn der Körper aus der Ordnung gerät und wir am eigenen Leib erfahren, wie sich eine gestörte Ordnung auswirkt.
Doch wo konnten wir sie finden, die universelle Ordnung, die das Zusammenleben der Menschen regeln würde? Eine Ordnung unabhängig von Religionen und Weltanschauungen, an der sich jeder orientieren konnte? Eine Ordnung, die das Individuum nicht einengte, sondern ihm einen gültigen Rahmen gab und erfahrbar machte, daß wir in einer Gemeinschaft von Menschen leben, in der jeder einen guten Platz braucht, um sich entfalten zu können?

Kapitel 2

Die Allgemeine Systemtheorie

„Welches Muster verbindet den Krebs mit dem Hummer und die Orchidee mit der Primel und alle diese vier mit mir? Und mich mit Ihnen? Und uns alle sechs mit den Amöben … und mit dem eingeschüchterten Schizophrenen? … *Das Muster, das verbindet, ist ein Metamuster.“*[3]

Gregory Bateson

In diesem Kapitel machen wir uns auf die Suche nach der allgemeingültigen Ordnung, dem „Metamuster“, wie es der Vater der systemischen Psychotherapie, Gregory Bateson, nennt. Dazu geben wir einen kurzen Abriß der Wissenschaftsgeschichte, damit verständlich wird, auf welcher Grundlage sich die systemische Sicht- und Denkweise entwickelte und warum sie sich grundlegend von der analytischen unterscheidet.

Bis in die vierziger Jahre war es üblich gewesen, daß Wissenschaftler fast aller Sparten das, was sie erforschen wollten, in Einzelteile zerlegten, um die Naturgesetze zu verstehen. Diese Vorgehensweise wirkte sich tiefgreifend auf das Alltagsleben aus, unter anderem auch auf die Wissensvermittlung in der Schule. Erinnern Sie sich nicht auch daran, daß das Fach Biologie in der Oberstufe plötzlich nicht mehr von Pflanzen und Tieren handelte, sondern von Zellen, aus denen Pflanzen und Tiere bestanden, die, ähnlich wie im Fach Chemie, in Formeln und abstrakten Piktogrammen darzustellen waren? In Deutsch ging es nur noch darum, die wundervollen Gedichte in Versmaße und grammatische

Besonderheiten zu zerlegen, eine Aufgabe, an der mancher Schüler kläglich scheiterte. Wir konnten uns tagelang an der Dichtung von Eichendorff ergötzen, doch die romantischen Höhenflüge, die sie bei uns bewirkte, interessierten in der Schule nicht.

Die Erforschung immer kleinerer Einheiten durch Elektronenmikroskope und Computer schuf ein Spezialistentum, in dem selbst verwandte Zweige nichts mehr miteinander zu tun hatten. Besonders in der Medizin bekamen wir diese Veränderung hautnah zu spüren, denn war man früher zuerst zum Hausarzt gegangen, der einen von klein auf kannte, ging man jetzt mit Schnupfen zum Hals-Nasen-Ohrenspezialisten, mit Husten zum Lungenfacharzt, mit dem verknacksten Fuß zum Orthopäden und dem verdorbenen Magen zum Internisten. Nicht, daß diese Spezialisierung uns keine Vorteile gebracht hätte. Die Ärzte sind heute diagnostisch in der Lage, lebensbedrohliche Krankheiten wie Krebs so früh festzustellen, daß eine gute Chance auf Heilung besteht. Die gefährlichen Infektionskrankheiten wie Pest und Pocken sind nahezu ausgerottet, und unsere Lebenserwartung ist dramatisch gestiegen. Doch irgendwie kränkt es uns doch, nur noch als „die Blase von Zimmer 12“ geführt zu werden und nicht mehr als „Frau Müller mit Blasenentzündung“.

Das analytische Denken betraf natürlich auch die Psychologie. Im Rahmen der klassischen Wissenschaften hatten die Psychologen immer darunter gelitten, eben keinen „faßbaren“ Forschungsgegenstand untersuchen zu können. Die Seele, das Bewußtsein und das Unterbewußtsein mit den von Freud postulierten Bestandteilen Ich, Es und Über-Ich waren nur durch Introspektion – durch Innenschau – zu ergründen und entzogen sich damit der naturwissenschaftlichen Analyse, weil niemand wirklich sagen konnte, wie das Bewußtsein beschaffen war, wo es sich befand und ob es überhaupt existierte.

Dieser Nachteil war dem amerikanischen Psychologen John B. Watson nur zu bewußt. Er schrieb im Jahre 1913: „Die Humanpsychologie hat es bisher versäumt, ihren Anspruch geltend zu machen, eine Naturwissenschaft zu sein. Dank der Vorstellung..., die Introspektion sei die einzige direkte Methode, die entsprechenden Tatsachen sicherzustellen, hat sie sich in eine Reihe spekulativer Fragen verwickelt, die der experimentellen Untersuchung nicht zugänglich sind."[4]

Um diesen unhaltbaren Zustand zu ändern, entwickelte er eine naturwissenschaftliche Psychologie, die nur noch das beobachtbare Verhalten (Behavior) untersuchte. Das Verhalten wurde – wie in den Naturwissenschaften üblich – durch Experimente erforscht. Ein solches Experiment mußte isoliert von der Außenwelt in einem Labor stattfinden und so angelegt sein, daß jeder Versuchsleiter zu denselben Ergebnissen kommen würde. Nur so ließen sich Schlüsse ziehen, die einer wissenschaftlichen Untersuchung standhielten. In Naturwissenschaften wie Physik und Chemie mochte es kein Problem sein, einen Versuch unter immer denselben Umständen durchzuführen, doch Menschen als Versuchsobjekte waren Risikofaktoren, weil ihre Reaktionen letztlich doch nicht mit absoluter Sicherheit vorauszusagen waren. Watson löste das Problem mit dem Risikofaktor Mensch, indem er die Versuche nur noch mit Tieren durchführte. Er sagte: „Hier wird die Meinung vertreten, daß das Verhalten von Mensch und Tier auf derselben Ebene gesehen werden muß."

Es ging in den Experimenten vor allem darum, durch welche äußeren Reize die Tiere dazu gebracht werden konnten, ein bestimmtes Verhalten zu lernen. Da das in erster Linie durch Belohnung zu erreichen war, folgerte man, daß Menschen genauso lernen, und das Konzept des Homo Ökonomikus, des durch äußere Anreize beliebig programmierbaren Individuums, entstand. Auf Grund dieser These glaubte man, den einzelnen durch höhere Belohnung – sprich Entlohnung – zu immer größerer Leistung anregen zu können. Damals wurde psychologisches Wissen zum erstenmal dazu benutzt, Menschen zu manipulieren.

Watson ging so weit zu behaupten, er könne aus einer Gruppe von Kindern, die gesund seien, unabhängig von Anlagen, Rasse, Geschlecht, Neigung oder Fähigkeit irgendein Kind auswählen und dafür Sorge tragen, daß es nach Belieben Arzt, Rechtsanwalt, Verbrecher oder was auch immer werde.

An dieser Form der Psychologie übte William Murray scharfe Kritik: „Der Mensch ist ein Computer, ein Tier oder ein Kind. Sein Schicksal wird vollkommen von seinen Genen, seinen Instinkten, von Zufällen, frühen Prägungen und Verstärkungen, kulturellen und sozialen Kräften bestimmt. Liebe ist ein zweitrangiger Trieb, hervorgerufen durch Hunger oder orale Gefühle oder durch Verdrängung eines untergründigen Hasses. Im Großteil unserer Persönlichkeit ist kein Raum für Kreativität, kein Spielraum für freiwillige Entscheidungen, die Kraft von Idealen findet keine Anerkennung, es besteht keine Grundlage für selbstlose Taten und überhaupt nicht die geringste Hoffnung, daß sich die menschliche Rasse aus dem Verhängnis befreien könnte, das sie heute konfrontiert. Wenn wir Psychologen die ganze Zeit über – bewußt oder unbewußt – aus Bosheit vorgehabt hätten, die menschliche Natur auf den geringsten gemeinsamen Nenner zu reduzieren, und wenn wir uns über unseren Erfolg gefreut hätten, dann müßten wir zugeben, daß der satanische Geist in uns lebendig war.“[5]

Keine Frage, in der Zwischenzeit hat sich viel verändert. Nachdem das Bewußtsein viele Jahre lang aus der Psychologie verschwunden war, kehrte es mit der sogenannten „kognitiven Wende“ zurück. Der radikale

Behaviorismus trat in den sechziger Jahren an den Universitäten in den Hintergrund, und die wissenschaftliche Psychologie befaßte sich mehrheitlich mit „Kognitionen", jenen Prozessen und Strukturen, die früher unter den Oberbegriff „geistig" gefallen waren. Dazu zählen Wahrnehmen, Erinnern, Denken, Problemlösen und Entscheiden, also Prozesse der Informationsverarbeitung. Die Forscher gingen davon aus, daß diese Prozesse festlegen, wie sich ein Individuum verhalten wird, denn der Mensch konstruiert aus dem, was er wahrnimmt, seine Wirklichkeit. Wenn die Wahrnehmung verändert wird, ändert sich infolgedessen das Verhalten des Menschen. Heute hat die Kognitionspsychologie einen hohen Rang an den Universitäten.

Auch die humanistische Psychologie entwickelte sich weiter. Adler und Jung, die Schüler Freuds, schufen eigene Richtungen des psychoanalytischen Modells, und alle drei Richtungen wurden zu wirksamen therapeutischen Instrumenten. Carl Rogers entwickelte die klientenzentrierte, non-direktive Gesprächsführung, Viktor Frankl die Logotherapie und Fritz Perls die Gestalttherapie. Doch obwohl diese Pioniere Techniken entwickelten, die auch heute unverzichtbar sind, ließ sich damit nicht alles zufriedenstellend erklären. Das Verhalten der Klienten blieb unter bestimmten Umständen unverständlich, auch wenn man es noch so sehr in seine Einzelfaktoren zerlegte. Die Hoffnung, daß die immer mehr ins Detail gehende Forschung die „blinden" Gesetze der Natur enträtseln würde, ging leider nicht in Erfüllung. Insbesondere die Schizophrenie ließ sich kaum mit der herkömmlichen Psychotherapie beeinflussen. Deshalb ist es nicht verwunderlich, daß gerade den Forschern, die dieser Störung auf den Grund gehen wollten, ganz neue Zusammenhänge aufgingen. Gregory Bateson fiel es in den fünfziger Jahren bei seiner Arbeit mit Schizophrenen auf, daß sich die Kranken in Gegenwart ihrer

Eltern ungewöhnlich stark erregten. Als er die Patienten zusammen mit ihren Familien beobachtete, fand er Kommunikationsmuster, die keine eindeutigen Antworten zuließen. Der Patient bekam gleichzeitig zwei sich diametral widersprechende Botschaften wie zum Beispiel – Komm her! Bleib weg! –, auf die er nicht richtig reagieren konnte. Daraufhin stellte sich Bateson die Frage, ob die schizophren Erkrankten mit ihren Symptomen nicht ganz „normal" auf diese Doppelbotschaften – sogenannte double binds – reagierten. Diese Hypothese lenkte den Blick vom Patienten weg hin auf seine Familie. Wenn der Schizophrene in Wirklichkeit die Kommunikationsmuster seiner Familie „normal" beantwortete, mußte nicht nur er behandelt werden, sondern sein System, seine Familie mit ihm, denn wenn sich die Kommunikationsstruktur in der Familie änderte, müßte der Erkrankte positiv darauf reagieren. Bateson hatte damit die systemische Familientherapie entdeckt.
Auch in anderen Forschungsgebieten konnten bestimmte Zusammenhänge durch die Analyse der einzelnen Bestandteile nicht zufriedenstellend erklärt werden. Die durch die Computertechnologie gewonnenen Datenmengen waren immens gewachsen, und immer lauter wurde der Ruf nach einer übergreifenden, für alle Sparten geltenden Theorie. Die Wissenschaftler erkannten unabhängig voneinander, daß die traditionellen Methoden nicht mehr ausreichten, und überraschenderweise wurde das Problem überall ähnlich angegangen. Ohne sich abgesprochen zu haben, lenkten die Forscher den Blick darauf, **wie** die einzelnen Bestandteile miteinander und mit ihrer Umwelt agierten, auf die Struktur und die Dynamik, die in diesem System herrschte. Etwa im gleichen Zeitraum, wo Gregory Bateson und Paul Watzlawick die Kommunkationsstrukturen in Familien erforschten, brachte Norbert Wiener sein Werk „Cybernetics" heraus, in dem er die neuesten Entwicklungen der Computer-

technologie, der Informatik und der sich selbst regulierenden Maschinen vorstellte.
Um die unterschiedlichen Systeme zu erfassen, suchte man nach den allgemeinen Kriterien, dem „Metamuster“, nach dem sie funktionieren. Und obwohl die Bereiche so unterschiedlich waren, gelang es, diese Ordnung ausfindig zu machen. Dies ist um so bemerkenswerter, als die Ordnung von verschiedenen Forschern in verschiedenen Disziplinen auf Grund von verschiedenen Fakten unabhängig voneinander gefunden wurde. Wenn etwas wirklich Neues in der Luft liegt, wird es nicht nur von einem, sondern von mehreren Menschen entdeckt. Ludwig von Bertalanffy war es, der die Theorie dazu formulierte: die Allgemeine Systemtheorie.
Mit dieser neuen Sichtweise begann sich das Bild der Wissenschaft von der Welt zu ändern. Die Chaostheorie, die die Realität als ein von Zufällen bestimmtes Durcheinander aus physikalischen Partikeln, Genen, Reflexen und Trieben erklärt hatte, wurde in Frage gestellt. Mit dem Auffinden der höheren Ordnung durch die Allgemeine Systemtheorie konnte all das, was früher dem Bereich der Metaphysik und Mystik zugeordnet worden war, wissenschaftlich erforscht und erklärt werden. Bertalanffy ging so weit, dies einen „Paradigmenwechsel“ zu nennen, den Wechsel von einer rationalistischen zu einer ganzheitlichen Weltsicht.
Damit wollen wir nicht sagen, daß die systemische Psychotherapie allen anderen therapeutischen Ansätzen überlegen ist. Das wäre vermessen! Jede Therapieform hat ihre Stärken und ihre Schwächen, und nicht jede Richtung ist für jeden geeignet. Wir jedenfalls möchten unsere durch die Psychoanalyse, die Kognitionspsychologie, die Gestalttherapie und die non-direktiven Gesprächstherapie geschaffenen Grundlagen nicht

missen! Die systemische Sichtweise erfaßt jedoch Schwierigkeiten, die gar nicht im Blickfeld der humanistischen Therapieformen und der Verhaltenstherapie liegen. Zur Lösung dieser Probleme ist deshalb unserer Meinung nach die systemische Psychotherapie am besten geeignet.

Weil, wie Einstein sagte, jede Arbeit nur so gut sein kann wie die Theorie, auf die sie sich stützt, führen wir Sie im folgenden Kapitel in die theoretischen Grundlagen ein, auf die sich die systemische Sichtweise und damit auch das Familienstellen gründet.

Kapitel 3

Ordnung als Naturgesetz

„Wir können unsere gegenwärtigen Probleme nicht mit demselben Denkansatz lösen, durch den sie entstanden sind.“ *Albert Einstein*

Um herauszufinden, ob die Allgemeine Systemtheorie mit ihrem neuen Denkansatz Antworten auf unsere Fragen geben kann, müssen wir uns theoretisch mit ihr auseinandersetzen. Deshalb handelt das folgende Kapitel von den durch Ludwig von Bertalanffy formulierten Gesetzen der Allgemeinen Systemtheorie. Wir haben uns auf die Gesetze beschränkt, die uns das Verständnis der systemischen Psychotherapie erleichtern. Die Gesetze sind kursiv gedruckt, so daß Sie leicht unterscheiden können, ob es sich um die Theorie oder um die dazu gehörende Erklärung handelt. In den fettgedruckten Abschnitten wird die Theorie, die ja für alle Systeme gilt, explizit auf die Familie angewandt.

Den Begriff „systemische Psychotherapie“ haben wir bereits einige Male erwähnt. Kaum jemand kann sich etwas darunter vorstellen. Häufig glauben Klienten, wir hätten uns verschrieben, und machen aus dem Wort „systemisch“ das Wort „systematisch“. Selbst der Setzer einer von uns in Auftrag gegebenen Zeitungsannonce glaubte an einen Rechtschreibfehler und machte uns zu „systematischen Therapeuten“. Nicht, daß systemische Therapie nicht systematisch vorgeht! Doch der Begriff „systemische Psychotherapie“, den übrigens das Mailänder Psychotherapeuten- und Forschungsteam um Mara Selvini Palazzoli, Gianfranco Cecchin und Luigi

Boscolo prägte, weist darauf hin, daß versucht wird, Gesetze aus der Systemtheorie und der Kybernetik auf die Psychotherapie zu übertragen. Und diesen Gesetzen sind wir ja auf der Spur. Versuchen wir also, den merkwürdigen Begriff mit Sinn zu erfüllen. Wir beginnen mit der Definition des Begriffs „System", von dem sich das Wort „systemisch" ableitet.

Mit System wird ein Ganzes bezeichnet, das aus verschiedenen, miteinander im Austausch stehenden Teilen besteht.

Wenden wir diese Definition auf die Familie an: Eine Familie besteht aus mindestens drei Mitgliedern: aus Vater, Mutter und wenigstens einem Kind, die miteinander kommunizieren, also im Austausch stehen. Somit gehört die Familie in die Kategorie der Systeme. Das bedeutet, daß Gesetzmäßigkeiten, die für Systeme gelten, auch auf Familien angewendet werden können.

Die Familie kann aufgrund ihrer Struktur als System betrachtet werden.

Wir gehen noch einen Schritt weiter: In der systemischen Psychotherapie sehen wir den einzelnen Menschen nicht als integrale Persönlichkeit. Wir betrachten ihn intrapsychisch ebenfalls als *lebendiges System, bestehend aus den unterschiedlichsten Anteilen*, die mehr oder weniger miteinander kommunizieren. Je nach Kontext zeigen wir den Anteil, der dem Umfeld unserer Meinung nach am besten entspricht – das Mutter- oder Vater-Ich im Umgang mit den Kindern, das Geliebte- oder Geliebten-Ich im Zusammensein mit dem Partner, das Arbeits-Ich im Beruf usw. usw. Es gibt einen zornigen Anteil, einen selbstbewußten und einen schutzbedürftigen, und wenn diese Teile miteinander kommunizieren, sich austauschen, geht es dem Menschen gut. Schwierigkeiten entstehen immer dann, wenn dieser Austausch verweigert wird, doch davon später mehr.

Die Psychotherapie, die die Interaktionen von Familien und Individuen nach den Gesetzmäßigkeiten begreift, die für Systeme gelten, nennt man „systemische Psychotherapie".
Doch woher wissen wir so genau, daß die Menschen, die wir vor uns sehen, eine Familie bilden? Ein zentraler Gesichtspunkt der Systemtheorie lautet:

Das Ganze ist mehr als die Summe seiner Teile.

Wir erkennen die Ganzheit eines Systems daran, daß sich alle seine Mitglieder einem gemeinsamen Ziel unterordnen und ihr Zusammenwirken entsprechend organisieren. Beim System Familie heißt das Ziel: Das Zusammenleben von Eltern mit ihren Kindern.
Die Familie ist durch die gemeinsame Ausrichtung aller Mitglieder auf das Ziel „Zusammenleben von Eltern mit ihren Kindern" als Ganzes erkennbar.
Unter dem Begriff „System" können unterschiedliche Inhalte verstanden werden. Wir definieren genauer, um welche Art von System es sich bei Familien handelt:

Es gibt geschlossene und offene Systeme: Geschlossene Systeme sind von ihrer Umwelt isoliert; offene Systeme interagieren mit ihr. Alle lebendigen Systeme sind weitgehend offen. Sie haben durchlässige Grenzen.

Hier werden Systeme durch die Attribute „offen" und „geschlossen" voneinander unterschieden. Wir erfahren, daß geschlossene Systeme von ihrer Umwelt isoliert sind, weshalb sie vor allem als Versuche im Labor anzutreffen sind. Menschen können *nicht wirklich* geschlossene Systeme bilden, doch gibt es Fälle, wo sie sich so verhalten. Eine Familie, die versucht, ihr System gegenüber der Außenwelt zu schließen, lehnt Einflüsse von außen ab und pflegt das Bild einer feindlichen Umwelt. Der einzig sichere Ort, die Fluchtburg, sind die eigenen vier Wände. Die Kinder dürfen ihre Spielgefährten nicht mit nach Hause bringen, niemand kommt zu Besuch. Leben findet nur innerhalb der Familie statt. Da dazu meist strenge Regeln nötig sind, sprechen wir auch von *rigiden Systemen.*

Familien können ihr System nicht schließen. Wenn sie es versuchen, entstehen rigide Verhaltensmuster.

Die Familie gehört ihrer Struktur nach zu den offenen, den lebendigen Systemen. Lebendige Systeme interagieren mit ihrer Umwelt. Sie haben durchlässige Grenzen. Grenzen sind wichtig, damit die Familie als Organismus erfahrbar bleibt. Doch starre Grenzen ersticken die Lebendigkeit, und fehlende Grenzen verhindern die Orientierung und das Wir-Gefühl. Durchlässige Grenzen dagegen ermöglichen der Familie, die Umwelt als wichtigen Faktor in ihrem Einfluß auf die einzelnen Mitglieder wahrzunehmen und zu begrüßen. Kindergarten, Schule, Ausbildungsstätte und Arbeitsplatz, Vereine, Freunde, Verwandte und Bekannte, all diese Faktoren wirken auf die Familie ein, und die Familie wirkt ihrerseits auf diese Umwelt ein. Die durchlässigen Grenzen ermöglichen den Austausch und die Auseinandersetzung mit diesen Einflüssen, die als wertvoll integriert oder als schädlich abgelehnt werden können.

Die Familie gehört zu den offenen, den lebendigen Systemen. Aufgrund ihrer durchlässigen Grenzen erlaubt sie den Einflüssen der Umwelt, auf sie einzuwirken, und sie wirkt ihrerseits auf ihre Umwelt ein.

Die Organisation Familie und ihre Ausrichtung auf ein gemeinsames Ziel funktioniert aufgrund von Gesetzmäßigkeiten, die uns die Allgemeine Systemtheorie liefert:

Lebendige Systeme erhalten sich selbst. Sie erreichen durch dynamische Interaktionen ein Fließgleichgewicht.

Auf die Familie bezogen, mögen uns „dynamische Interaktionen“ noch relativ klar sein. Doch was bedeutet es, daß sich unser lebendiges System Familie in einem *Fließgleichgewicht* befindet? Nehmen wir ein Beispiel: Ein Paar lebt einen eher unkonventionellen Lebensstil. Die beiden arbeiten bis spät in die Nacht, gehen oft aus, schlafen morgens so lange wie möglich, und jeder ißt, wenn er Hunger hat. Da dieser Stil beiden entspricht, sind sie zufrieden, und es besteht kein Grund für eine Änderung. Das System ist stabil.

Jetzt wünschen sich beide ein Kind. Das Kind wird geboren, und plötzlich bestimmt es den Lebensrhythmus seiner Eltern. Es ist unmöglich geworden, die früher so geliebte Spontaneität durchzuhalten, denn alles dreht sich um das Baby. Die Eltern verändern ihren Lebensstil tiefgreifend, passen sich den Schlafgewohnheiten des Kindes an, müssen ihr abendliches Ausgehen sorgfältig planen und einen Babysitter organisieren, und weil das Kind regelmäßige Mahlzeiten braucht, gewöhnen auch sie sich daran. Obwohl die Erwachsenen drastische Änderungen durchführen müssen, um der neuen Situation zu genügen, ist das System immer noch stabil.

Von einem *ruhigen Gleichgewicht* kann hier wirklich nicht die Rede sein, da sich die einzelnen Mitglieder in ihrem Lebensstil dynamisch den veränderten Anforderungen anpassen. Nur dank dieser enormen Anpassungsleistungen wird der Mittelwert, die „Familie“, bewahrt.

Durch die Fähigkeit, das eigene Verhalten dynamisch äußeren Umständen anzupassen, verwirklicht die Familie ein Fließgleichgewicht, wodurch sich das lebendige System Familie erhält.

Manchmal übernimmt ein Familienmitglied allein die Aufgabe, das System zu stabilisieren. Oft geschieht das dann, wenn Konflikte nicht angesprochen werden, aber unterschwellig schwelen. Die Kinder, die am schwächsten und zugleich oft am sensibelsten sind, spüren den „Schwelbrand" und versuchen auf ihre Weise, das Problem zu lösen. Wenn sie einen Konflikt zwischen den Erwachsenen zu spüren glauben, ziehen sie unbewußt die Aufmerksamkeit der Eltern auf sich, indem sie körperliche Symptome – wie zum Beispiel Bettnässen – zeigen, sich in Unfälle verwickeln oder indem sie sich auffällig verhalten. Mehr dazu finden Sie in den Kapiteln sechs und acht.
Damit das Fließgleichgewicht systemerhaltend bleibt, greifen ganz bestimmte Regulierungsmechanismen:

Obwohl das System ständig in Bewegung ist, gibt es bemerkenswerte Regulierungsmechanismen – zum Beispiel „Feedbacks" und Regeln –, um den Zustand des Fließgleichgewichts aufrechtzuerhalten.

Jetzt kommen wir zu einem wichtigen Thema, den Regeln, die den emotionalen Zustand in Familien aufrechterhalten. Wer was tun muß, wird durch Regeln festgelegt, aus denen sich Verhaltensmuster bilden. Sollte bei unserem Paar zum Beispiel die Regel gelten, daß, wie früher üblich, nur Frauen sich um die Kinder zu kümmern haben, würde die Frau allein zurückstecken und der Mann sein ungebundenes Leben beibehalten. Wenn diese Regel offen angesprochen wird und die Frau sich entscheidet, daß ihr das Leben mit dem Kind so viel Erfüllung gibt, daß sie auf die früheren Privilegien gern verzichtet, ist nichts dagegen einzuwenden.
Doch zuweilen werden die Regeln, die aus den jeweiligen Herkunftsfamilien stammen, nicht offen besprochen, weil vorausgesetzt wird, der andere müsse sie „selbstverständlich" kennen. Diese unausgesproche-

nen Regeln sind für viele Paar- und Familienkonflikte verantwortlich. Am schwierigsten wirken jedoch Regeln, die unbewußt aus dem Zusammenleben in der Herkunftsfamilie abgeleitet werden. Da diese Regeln nicht bewußt sind, bilden sich daraus Verhaltensmuster, die kaum zu beeinflussen sind. Gerne wird dieses Verhalten unter der Rubrik „Charakterschwäche“ abgebucht. Unbewußte Regeln sind für einen Großteil der Schwierigkeiten mit sich selbst und anderen Menschen verantwortlich. Deshalb befassen wir uns in Kapitel 5 ausführlich mit dem Thema Regeln und Muster.

Familien erhalten ihr Fließgleichgewicht nicht nur durch Regeln, sondern auch durch die sogenannte *Rückkoppelung*. Dieses Phänomen, das auch „Feedback“ genannt wird, meint, daß in lebendigen Systemen ständig überprüft wird, ob die durchgeführten Aktivitäten zum gewünschten Ziel führen. Wir verstehen unter „Feedback“, daß uns rückgemeldet wird, wie wir wirken. Ein positives Feedback soll Verhalten verstärken, das negative Feedback Verhalten abbauen. Unser Arbeitgeber gibt uns zum Beispiel ein Feedback über unsere Arbeitsleistung und erhofft sich daraus eine Korrektur. Als Eltern geben wir unseren Kindern Rückmeldungen über ihr Benehmen und erhoffen uns ebenfalls eine Änderung. Wir selbst erkennen am Feedback, ob wir unsere Zielvorstellungen erreichen oder ob wir mehr oder weniger investieren müssen. Feedback findet in Familien ständig statt. Die Auswertung geschieht meist automatisch.

Eine Besonderheit des Feedback ist, daß solche Prozesse nicht linear verlaufen. Mit linear ist gemeint, daß man ein bestimmtes Geschehen eindeutig auf eine bestimmte Ursache zurückführen kann, wie zum Beispiel: Ich bin die Treppe heruntergefallen – mein Bein ist gebrochen. In lebendigen Systemen ist das in dieser Klarheit meist nicht möglich.

Beim Zusammenleben mehrerer Menschen wirkt jeder auf jeden ein, und das eigene Verhalten wird an den Reaktionen der anderen gemessen. Ob ich mich so verhalte, *weil* mein Kind aggressiv ist, oder ob *mein Verhalten* die Aggressivität des Kindes hervorruft, ist nicht zu entscheiden. Deshalb sprechen wir in der systemischen Psychotherapie von *zirkulären Prozessen.*

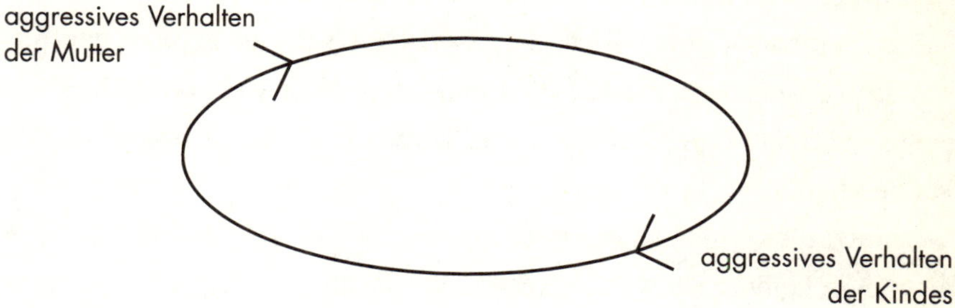

Es wäre reine Willkür, in diesem Kreis einen Anfangspunkt festzulegen, denn das Eigentümliche des Kreises ist ja gerade, daß er weder Anfang noch Ende hat. In lebendigen Systemen haben wir es meist mit zirkulären Prozessen zu tun. Davon ausgenommen sind von außen einwirkende Kräfte, die schicksalhaft über den einzelnen hereinbrechen wie Gewalttaten, Todesfälle, Krieg und Vertreibung, weil der das Trauma auslösende Faktor objektiv festzumachen ist.

Nehmen wir zur Verdeutlichung der zirkulären Prozesse wieder unser Paar. Sie beklagt sich bei ihm, daß er sich mit Zärtlichkeiten deutlich zurückhalte. Er erwidert, daß sie ja nur noch mit den Kindern beschäftigt sei und er sich überflüssig fühle. Sie entgegnet, daran sei er selbst schuld, denn da er ihr nicht zeige, daß er Interesse an ihr habe, ziehe sie sich eben zurück. Worauf er erwidert, sie sei schuld, da sie ihm nicht den Eindruck vermittele, wichtig für sie zu sein.

Kommt Ihnen das Streitmuster bekannt vor? Es ist der berühmte Streit um die Henne und das Ei, und wir nennen es „Ping-Pong-Streiten“. Die beiden können ewig so weitermachen und sich gegenseitig beschuldigen, ohne einen Schritt weiterzukommen.
Gesetzt den Fall, die Frau ginge zu einer systemischen Eheberatung, könnte ihr klarwerden, daß sie sich mit ihrem Mann in einem zirkulären Geschehen befindet: Sein Verhalten verursacht ihre Reaktion, ihr Verhalten verursacht seine Reaktion. Es ist letztlich nicht entscheidbar, welches Verhalten zuerst in Erscheinung trat, eben weil wir es hier mit einem zirkulären Geschehen zu tun haben, das keinen bestimmbaren Anfang hat.
Was nutzt diese Einsicht unserem streitenden Paar? Da es schlußendlich nicht entscheidbar ist, wer im Recht und wer im Unrecht ist, könnte sich die Frau mit Hilfe ihres Therapeuten dazu entschließen, aus diesem Kreislauf auszusteigen und etwas Neues auszuprobieren. Sie könnte einseitig ihr Verhalten ändern und damit einen Impuls geben, auf den ihr Mann reagieren wird. Damit kommen wir zu einem für die systemische Familientherapie sehr wichtigen Gesetz:

Da jeder auf den anderen einwirkt, beeinflußt eine Veränderung in einem Teil des Systems notwendigerweise das ganze System.

Wenn die Frau zum Beispiel in der Therapie erkennt, daß sie nach dem unbewußten Muster handelt, sie könne nur dann eine gute Mutter sein, wenn sie sich ausschließlich den Kindern widmet, könnte ihr jetzt bewußt werden, daß sich die Aspekte „gute Mutter“ und „Geliebte“ in einer Person nicht ausschließen. Für sie ginge es darum, die beiden Aspekte ihrer Persönlichkeit je nach Kontext einzusetzen – den Mutteraspekt gegenüber ihren Kindern und die begehrenswerte Frau

gegenüber ihrem Mann. Der Ehemann würde eine solche Haltungsänderung sofort bemerken und wahrscheinlich begrüßen.
Wäre der Ehemann zur Beratung gekommen, hätte er vielleicht erkannt, daß er das durch seine Mutter geprägte Frauenbild nicht mit dem Bild einer sexuell begehrenswerten Frau vereinbaren kann: Seit seine Frau auch die Mutter der gemeinsamen Kinder ist, rückt dieses Bild plötzlich in den Vordergrund, und er reagiert mit Rückzug. Er könnte jetzt erkennen, daß er als erwachsener Mann ein für ihn passendes Frauenbild entwickeln kann, wo er seine Frau im Kontext der Kinder als Mutter und im Kontext des Paares als Geliebte wahrnimmt.
Beide Partner hatten Mühe, die unterschiedlich emotional besetzten Aspekte „Mutter“ und „Geliebte“ in einer Person wahrzunehmen. Beide trugen auf ihre Weise dazu bei, diesen Konflikt zu erhalten. Wenn nur einer von beiden das Konfliktmuster nicht mehr unterstützt, kommt es unweigerlich zu einer Änderung.
Diese Veränderung würde sich auch auf die Kinder auswirken, obwohl sie vordergründig natürlich nicht von den Spannungen der Eltern unterrichtet wurden. Sie fühlten jedoch, daß die Eltern nicht glücklich miteinander waren, und reagierten auf ihre Weise darauf. Ohne daß man sie vom Ergebnis der Therapie unterrichten müßte, spüren sie jetzt die harmonischere Beziehung ihrer Eltern, erleben eine glücklichere Mutter und einen glücklicheren Vater und können sich entspannen. Sie erhalten als Feedback, daß sie sich nicht länger um die Beziehung der Eltern kümmern müssen!
Daß dies so wirkt, können wir wieder auf den zirkulären Prozeß zurückführen. Stellen Sie sich wieder den Kreis vor. Wenn Sie diesem an irgendeiner Stelle einen Impuls versetzen, muß sich der Impuls zwangsläufig um den gesamten Kreis herum fortsetzen. Dazu ist es nicht erfor-

derlich, über diesen Impuls zu sprechen: Es reicht, wenn ein Mitglied im System die Änderung einfach durchführt. Sie wird alle Beteiligten erreichen.

Durch bewußte und unbewußte Regeln und durch zirkulär verlaufende Feedbackprozesse konstruiert sich die Familie ihre Realität.

Wir wissen jetzt schon eine ganze Menge. Uns ist klar, daß die Familie zu den lebendigen Systemen gehört und die Therapie deshalb systemische Familientherapie genannt wird. Wir wissen, daß sich ein lebendiges System selbst in einem Fließgleichgewicht erhält und daß Regeln und Rückkopplungsprozesse das Zusammenleben steuern. Doch wer sollte ganz grundsätzlich die Lebensweise unseres lebendigen Systems Familie bestimmen? Damit kommen wir wieder zu einer wichtigen Ordnung aus der Allgemeinen Systemtheorie:

Systeme sind hierarchisch geordnet.

Diese Ordnung ist nicht leicht zu schlucken. Haben wir uns nicht gerade darum bemüht, Hierarchien zu kippen und die Gleichheit zu verkünden? Freiheit, Gleichheit, Brüderlichkeit? Vielleicht wird deshalb so oft gegen dieses Gesetz verstoßen, weil wir uns nicht nur unbewußt, sondern auch bewußt dagegen sträuben. Doch sagt von Bertalanffy in der Allgemeinen Systemtheorie: „Die hierarchische Struktur in Systemen höherer Ordnung ist charakteristisch für ihre Wirklichkeit und von höchster Wichtigkeit in Biologie, Psychologie und Soziologie“.[6]

Lassen Sie uns diese These untersuchen. Wenn wir das lebendige System unseres Körpers betrachten, wissen wir, daß es Organe gibt – wie zum Beispiel die Milz –, die wir nicht unbedingt brauchen, um zu überleben. Manche Organe können zum Teil entfernt werden – wie etwa eine Niere oder Teile des Darms –, auf andere – wie Herz oder Leber –

können wir keinesfalls verzichten. Doch ein Organ ist allen anderen hierarchisch überlegen: Mit seinen vielfältigen Steuerfunktionen ermöglicht uns das Gehirn ein bewußtes Leben. Wenn es ausfällt, vegetiert der Mensch dahin und nimmt keinen Anteil mehr an seiner Umwelt. Das Gehirn steht hierarchisch ganz klar an der Spitze unseres Körpersystems.

Firmen sind ebenfalls hierarchisch aufgebaut. Hierarchien sind notwendig, um die Verantwortung angemessen zu verteilen, wobei jede Ebene eine wichtige Aufgabe erfüllt. Ein Überspringen der Ebenen ist gar nicht erstrebenswert. Stellen Sie sich vor, Ihr Auto hat eine Panne. Wenn Sie sich direkt an den Chef des Konzerns wenden, der Ihr Auto herstellt, wäre Ihnen bei Ihrem Problem wahrscheinlich nicht geholfen. Hier ist eine andere hierarchische Ebene gefragt: die der Techniker. Sollte Ihr Auto, ein Neuwagen, im ersten Jahr ernste Mängel aufweisen, wird der mit der Reparatur befaßte Mechaniker die Kommunikation mit dem mittleren Management herstellen, das sich mit der Frage – Nachbessern oder Ersatz – befaßt. Auch hier wäre der Chef des Konzerns die falsche Adresse für Ihr Anliegen. Erst wenn Ihr Auto nicht das einzige ist, das schwere Mängel aufweist, sondern die gesamte Serie Ihres Modells nicht ausgereift ist, wäre der Konzernchef gefragt.

Auch das lebendige System unserer Gesellschaft ist hierarchisch geordnet. Der Verkehrsminister ist mit Sicherheit nicht der richtige Ansprechpartner für Ihren Antrag auf eine Spielstraße in Ihrem Wohngebiet. Hier ist der Gemeinde- oder Stadtrat zuständig, und der Polizeipräsident wäre mit der Abwicklung Ihres Auffahrunfalls sicher genauso überfordert wie der Verkehrspolizist mit der Planung einer Großfahndung.

Wie wirkt sich die hierarchische Ordnung in der Familie aus? Hier sind die Regeln ganz einfach: Die Erwachsenen stehen dem System verantwortlich vor; die Kinder ordnen sich unter. Wir sehen beide Eltern in dieser Position, Mann und Frau. Erwachsene gehören gleichzeitig zwei Ebenen an: der Paarebene und der Elternebene. Diese beiden Ebenen sind insofern voneinander getrennt, als die Probleme des Paares die Elternfunktion nicht beeinflussen dürfen.

Die Kinderebene ist hierarchisch von der Ebene der Erwachsenen getrennt. Das bedeutet, daß Kinder nie mit Problemen belastet werden dürfen, die nicht ihrer Ebene entsprechen. Diese Regel wird leider häufig verletzt, und zwar immer dann, wenn ein Kind in die Paarprobleme der Eltern eingeweiht und damit zum Komplizen eines Elternteils gemacht wird. Manchmal übernimmt ein Kind bei Tod oder Trennung der Eltern den Partnerplatz und bringt sich damit in größte Schwierigkeiten. Doch mehr davon in Kapitel sechs. Auch hier gilt: Oft sind die Schwierigkeiten der Familienmitglieder nicht persönlicher, sondern hierarchischer Natur. Wird die natürliche Ordnung wiederhergestellt, gibt sich vieles ganz von selbst.

Die Hierarchie in einer Familie trennt das Eltern- vom Kindersystem in dem Sinne, daß Eltern ihre Kinder nie in die eigene Problematik einbeziehen sollten.

Damit kennen Sie jetzt die wichtigsten Grundlagen, auf denen die systemische Psychotherapie basiert. Fast alle Interventionen beim Familienstellen lassen sich auf diese Gesetze zurückführen. Die wenigen Ausnahmen gründen sich auf biologische Gesetzmäßigkeiten, die im Text ausführlich erklärt werden. Doch warum gehört das Familienstellen in den Kontext systemischer Psychotherapie? Dafür gibt es zwei Gründe:

1. Wir erforschen bei jedem Klienten die „innere Landkarte", nach der er seine Realität konstruiert. Darunter verstehen wir die Regeln, nach

denen seine Familie funktioniert, und die Verhaltensmuster, die sich für ihn daraus ableiten. Diese Realitätskonstruktion kann, besonders wenn sie sich auf unbewußte Regeln gründet, die Möglichkeiten des Klienten, sein Leben kreativ zu bewältigen, sehr einschränken. Systemische Therapeuten versuchen, ihre Klienten dazu zu ermutigen, neue Wege auf ihren Landkarten und damit neue Handlungs- oder Reaktionsmuster auszuprobieren. Heinz von Foerster, einer der Gründungsväter der Kybernetik, formulierte dieses Ziel als „ethischen Imperativ“: „Handle stets so, daß du die Anzahl der Möglichkeiten vergrößerst.“[7] Beim Familienstellen macht der Klient seine innere Landkarte sozusagen öffentlich. Mit Hilfe der Gruppe und der Therapeuten kann er sich seine Realitätskonstruktion vor Augen führen und erhält dadurch die Möglichkeit, neues Verhalten und Fühlen auszuprobieren.

2. Weil systemische Therapeuten die Familie als Hierarchie begreifen, kümmern sie sich oft mehr um die hierarchische Ebene, auf der sich ein Problem darstellt, als um die individuelle Schwierigkeit. Um das dem Problem zugrundeliegende Muster zu erkennen, nehmen sie die „Meta-Ebene“ ein. Das Verhalten des einzelnen läßt sich häufig erst auf der Ebene seiner Familie verstehen. Durch das Familienstellen wird die „Meta-Ebene“ sowohl für den Klienten wie für die Therapeuten physisch, psychisch und mental erfahrbar. Das begünstigt Verhaltensänderungen, die einen wirklichen Unterschied machen.

Damit wären wir am Ende des theoretischen Teils angelangt. Zur Übersicht haben wir für Sie noch einmal alle Gesetze der Allgemeinen Systemtheorie und ihre Anwendung auf die Familie zusammengefaßt:

Zusammenfassung

Die Psychotherapie, die die Interaktionen von Familien und Individuen nach den Gesetzmäßigkeiten begreift, die für Systeme gelten, nennt man „systemische Psychotherapie".

Mit System wird ein Ganzes bezeichnet, das aus verschiedenen, miteinander im Austausch stehenden Teilen besteht.
Die Familie kann aufgrund ihrer Struktur als System betrachtet werden.

Das Ganze ist mehr als die Summe seiner Teile.
Die Familie ist durch die gemeinsame Ausrichtung aller Mitglieder auf das Ziel „Zusammenleben von Eltern mit ihren Kindern" als Ganzes erkennbar.

Es gibt geschlossene und offene Systeme.
Geschlossene Systeme sind von ihrer Umwelt isoliert.
Familien können ihr System nicht schließen. Wenn sie es trotzdem versuchen, entstehen rigide Verhaltensmuster.

Offene, lebendige Systeme interagieren mit der Umwelt.
Die Familie gehört zu den offenen, den lebendigen Systemen. Aufgrund ihrer durchlässigen Grenzen erlaubt sie den Einflüssen der Umwelt, auf sie einzuwirken, und sie wirkt ihrerseits auf ihre Umwelt ein.

Lebendige Systeme erhalten sich selbst. Sie erreichen durch dynamische Interaktionen ein Fließgleichgewicht.

Durch die Fähigkeit, das eigene Verhalten dynamisch äußeren Umständen anzupassen, verwirklicht die Familie ein Fließgleichgewicht, wodurch sich das lebendige System Familie erhält.

Obwohl das System ständig in Bewegung ist, gibt es bemerkenswerte Regulierungsmechanismen – zum Beispiel „Feedbacks“ und Regeln –, um den Zustand des Fließgleichgewichts aufrecht zu erhalten.

Durch bewußte und unbewußte Regeln und durch zirkulär verlaufende Feedbackprozesse konstruiert sich die Familie ihre Realität.

Systeme sind hierarchisch geordnet.

Die Hierarchie in einer Familie trennt das Eltern- vom Kindersystem in dem Sinne, daß Eltern ihre Kinder nie in die eigene Problematik miteinbeziehen sollten.

Da jeder auf den anderen einwirkt, beeinflußt eine Veränderung in einem Teil des Systems notwendigerweise das ganze System.

Da emotionale Prozesse in Familien immer zirkulär verlaufen, wirkt sich die Veränderung eines Familienmitglieds auf die gesamte Familie aus.

TEIL II: DAS FAMILIENSTELLEN

Kapitel 4

Die Aufstellung

„Das Bemühen, innere Prozesse nach außen zu verlagern, brachte mich zum Rollenspiel. Als ich dem Prozeß den Kontext hinzufügte, fing ich an, Menschen die Rollen der Mutter, des Vaters, der Geschwister und anderer signifikanter Personen innerhalb der drei Generationen der Ursprungsfamilie spielen zu lassen. Ich bemerkte, daß die Rollenspieler wußten, was sie sagen mußten, selbst wenn sie nur sehr wenig Information über ihre Rolle hatten. Aufgrund der Allgemeingültigkeit des Prozesses waren die Rollendarsteller in der Lage, sich auf den Prozeß einzustimmen. Ich stellte fest, daß dieser Prozeß viele Ebenen umfaßt, daß er eine spirituelle Dimension hat und daß er auf sehr tiefgreifende Weise wirkt.“[8]

Virginia Satir

Im ersten Teil haben wir uns mit dem Begriff Systemtheorie und den dort geltenden Ordnungen vertraut gemacht. Wir haben erfahren, wie die Ordnungen in Familien wirken, und bereits kurz angesprochen, was geschieht, wenn dagegen verstoßen wird. Doch wie können wir herausfinden, welche Ordnung in einer Familie gestört ist?

Wenn Eltern mit Kindern bei uns im Therapieraum sitzen, unterhalten wir uns mit allen Anwesenden und finden das Muster, das das Problem verursacht, bestenfalls im Gespräch heraus. Doch häufig sind nicht alle Familienmitglieder verfügbar, und besonders bei erwachsenen Klienten sind die Eltern zuweilen schon gestorben, und die Geschwister leben in einem anderen Teil des Landes. Manchmal sind Vater, Mutter oder gar beide Eltern nicht bekannt oder keinesfalls bereit, an einer Familientherapie teilzunehmen. Was tun, wenn die Klienten trotzdem das Gefühl haben, ihr spezielles Problem hätte etwas mit ihrer Familie zu tun?

Die Technik

Hier kommt die von der amerikanischen Familientherapeutin Virginia Satir entwickelte Methode der Familienrekonstruktion ins Spiel, die Bert Hellinger weiterentwickelte und unter dem Namen „Familienstellen" bekannt machte. Die Technik ist recht einfach. Jeder von uns hat ein inneres Bild von seiner Familie. Wir wissen ganz genau, wie nahe Papa der Mama stand, ob Oma Ilse Mutti ständig nervte und Bruder Klaus sich mit dem Vater darum stritt, wer mehr zu sagen hatte. Dieses Bild existiert in unserer Innenwelt, und wir können es jederzeit abrufen.

Beziehungen definieren wir oft durch räumliche Begriffe, zum Beispiel: Sie stehen sich nahe, oder: er hat ein distanziertes Verhältnis zu ihr. Deshalb können wir Beziehungen durch Nähe oder Distanz im Raum sichtbar machen. Das können Sie leicht zu Hause ausprobieren: Wie fühlen Sie sich, wenn jemand hinter Ihnen steht, wenn er Ihnen den Rücken zuwendet oder wenn er neben Ihnen steht? Jeder hat bei den verschiedenen Distanzen verschiedene Gefühle, wobei es zuweilen eine Rolle spielt, ob es sich um einen Mann oder eine Frau handelt.

Ich kann jedoch nicht nur die Beziehung zu einem Menschen räumlich darstellen, sondern auch zu mehreren. Wenn ich das innere Bild von meiner Familie in den Raum stellen möchte, brauche ich dazu natürlich nicht nur einen Menschen, sondern so viele, wie in meiner Familie leben. Am leichtesten ist dies in einer Gruppe zu verwirklichen, die ein ähnliches Ziel hat, zum Beispiel ein Seminar „Familienstellen".

Dort suche ich mir, wenn ich an die Reihe komme, eine Stellvertreterin für meine Mutter aus, einen Stellvertreter für meinen Vater, Doubles für meine Geschwister und auch einen Stellvertreter für mich selbst, damit ich meine Geschichte mit etwas Abstand von außen betrachten kann. Außerdem hat mein Double einen entscheidenden Vorteil: Es hat meine Geschichte nicht erlebt und erlitten und aus diesem Grund auch keine Widerstände gegen therapeutische Interventionen. Es macht mir sozusagen vor, wie ich mich fühlen könnte, wenn ich es wagte, einen wichtigen Schritt zu gehen. Besonders bei traumatischen Erlebnissen können sich Klienten die Lösungsschritte so erst einmal von außen anschauen, bevor sie die Schritte selbst gehen.

Diese Stellvertreter oder Doubles stelle ich in den Raum, und zwar so, daß sie meinem inneren Bild entsprechen. Schon das Aufstellen wirkt auf mich, denn dadurch wird es mir möglich, durch ein Bild zu spazieren, das sich sonst nur in meiner Innenwelt befindet. Ich klappe mein Inneres nach außen. Eine Aufstellung läßt sich durch ein Diagramm darstellen:

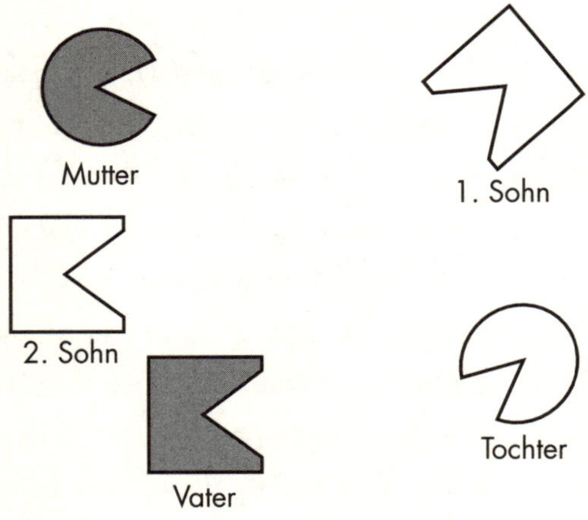

Die Stellvertreter oder Doubles

Dann beginnt der eigentliche Prozeß. Die Therapeuten befragen die Stellvertreter meiner Familie: „Wie geht es dir auf diesem Platz?“, und jeder äußert seine Befindlichkeit. Die Stellvertreter geben an, was sie den anderen Familienmitgliedern gegenüber empfinden. Verblüffend ist, daß sie recht genau Auskunft geben können und nicht selten sogar dieselbe Wörter wählen wie die Menschen, für die sie stehen. Sie empfinden Emotionen und körperliche Sensationen, und wir ermuntern jeden Teilnehmer, ohne Scheu zu sagen, was er fühlt. Nicht selten fangen die Stellvertreter plötzlich an zu weinen, werden furchtbar wütend oder müde, sie frieren oder es wird ihnen siedendheiß, und sie geben dadurch wichtige Hinweise. Schon dieses Empfinden von Gefühlen ist für viele Teilnehmer so wertvoll, daß sie sich aus diesem Grunde immer wieder gern als Stellvertreter zur Verfügung stellen. Ein Seminarteilnehmer rief begeistert: „Das hier ist viel spannender als Kino, das ist live!“

Wir erinnern uns an einen älteren Mann, der überzeugt war, keine Gefühle zu spüren. Nun wollte es der Zufall, daß er der einzige Mann in einer Frauengruppe war (das kommt zum Glück äußerst selten vor), und er „mußte“ all die verschiedenen Männer doubeln. Wir achteten sorgfältig auf Ermüdungserscheinungen, doch der Mann blühte regelrecht auf. Zum Schluß sagte er glücklich, nun wisse er, daß er ein gefühlvoller Mensch sei. Das sei für ihn das Allerwichtigste, fast wichtiger als seine Aufstellung.

Oft meinen Männer, daß sie nicht fühlen können, doch das stimmt einfach nicht. Männer werden durch Erziehung und Berufswelt dazu angehalten, ihre Gefühle nicht wahrzunehmen, sondern Leistung zu erbringen. Sie ziehen dann oft den Schluß, daß ihre Gefühle ganz allgemein nicht gefragt seien, und vergessen, daß diese für ihr eigenes Wohlergehen und im Kontext von Familie und Partnerschaft äußerst wichtig sind. Es ist für uns alle herrlich, wenn sie durch das Doubeln den Zugang zu ihrer Gefühlswelt wiederfinden und erkennen, daß die Tür, die dorthin führt, nie verschlossen war.

Auch körperliche Empfindungen geben Hinweise. An manchen Positionen fühlen sich die Doubles wie gelähmt, andere haben das Gefühl, die Beine sackten unter ihnen weg. Manchmal gibt es sehr exakte Diagnosen. So verspürte ein männliches Double in einem unserer Kurse Schmerzen im rechten Knie, und da er selbst von Beruf Physiotherapeut war, fragte er: „Hat dein Vater Arthrose im rechten Knie?“, was der Klient höchst erstaunt bejahte. Bei einem anderen Fall ging es um eine im Krieg früh verstorbene Tante. Plötzlich rang die Stellvertreterin nach Luft und fing an zu husten. Die Klientin berichtete fassungslos, die Tante sei bei einem Bombenabwurf verschüttet worden und erstickt.

Die Stellvertreter teilen sehr intensive Gefühle, und wir achten in unseren Kursen darauf, daß sie sich nicht darin verlieren. Dabei lernen die Doubles, ein Gefühl wahrzunehmen und sich gleich wieder davon zu distanzieren. Viele Kursteilnehmer, besonders die lebenden Antennen, die jede Regung ihrer Mitmenschen auffangen, berichten, daß sie durch das Doubeln gelernt hätten, zwischen eigenen und fremden Gefühlen zu unterscheiden. Doch auch den eigenen Emotionen sind sie nicht mehr so hilflos ausgeliefert, da sie immer wieder üben, Gefühle wahrzunehmen, ohne sich von ihnen überrollen zu lassen.

Immer wieder kommt es vor, daß ein Stellvertreter ausgerechnet für eine Rolle ausgewählt wird, die seiner Geschichte ähnelt. Dann muß er genau wahrnehmen, ob er noch doubelt oder ob er in seinen eigenen Prozeß rutscht. Sobald wir so etwas bemerken, tauschen wir ihn aus, denn der Prozeß desjenigen, der gerade aufstellt, hat auf jeden Fall Vor-

rang. Keinem ist damit gedient, wenn zwei Geschichten gleichzeitig laufen, und so raten wir den Teilnehmern, solch eine Rolle im Zweifelsfall lieber abzulehnen. Niemand hat versagt, wenn er eine Rolle wieder abgibt, sondern er handelt der Gruppe und sich gegenüber verantwortlich.
Doubles werden für ganz unterschiedliche Rollen ausgewählt. Zuweilen bekommen sie Rollen, in denen sie Schritte vollenden können, die sie in ihren eigenen Aufstellungen angerissen haben. Oft spielen sie die andere Seite und gewinnen dadurch Verständnis für die eigenen Eltern oder Kinder. Die Opfer stellen Täter dar und die Täter Opfer, die Kranken werden zu Gesunden und die Starken zu Schwachen: Durch Doubeln geht man wirklich „in den Mokassins des anderen", und viele Kursteilnehmer berichten, daß sie viel mehr Verständnis für ihre Mitmenschen empfinden.

Das Genogramm

Aus der Art der Aufstellung können wir Therapeuten eine Menge erfahren, doch brauchen wir, um wirklich effektiv arbeiten zu können, noch Zusatzinformationen. Bevor wir in unseren Kursen mit dem eigentlichen Familienstellen beginnen, fragen wir den Teilnehmer: „Wer gehört zu deiner Familie?" Wir wollen nicht nur wissen, wer unter einem Dach als Familie zusammenwohnt, sondern auch, wer überhaupt dazugehört. Meist betrachten wir drei Generationen, also die Kinder, die Eltern und die Großeltern. Wir stellen die Familie auf dem Flipchart durch ein Genogramm – einen Stammbaum – graphisch dar. Daran können sich alle orientieren, besonders wenn die Verhältnisse kompliziert sind.

Ein Genogramm besteht aus folgenden Symbolen:

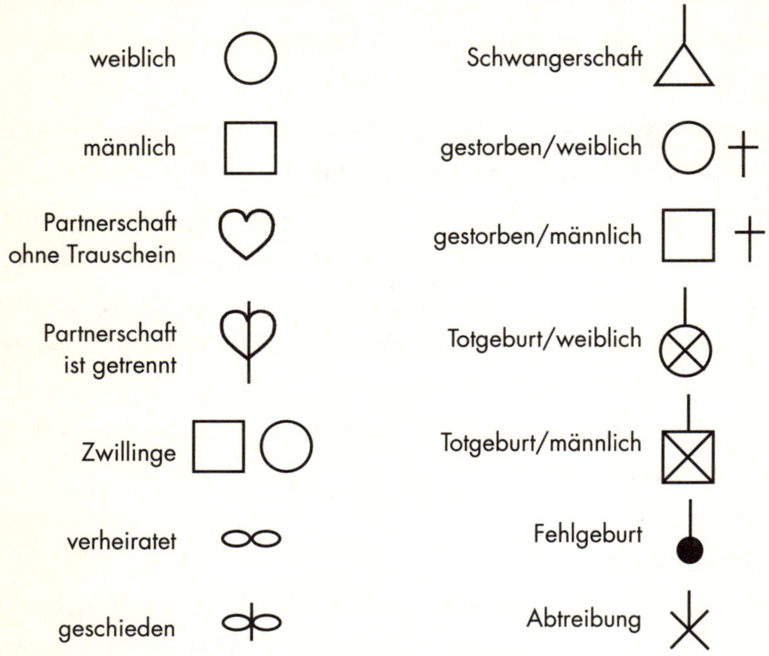

Aus diesen Zeichen wird das Genogramm erstellt. Geburts- und Todesdaten und Namen können, wenn sie wichtig sind, dazugeschrieben werden.

Ein fertiges Genogramm sieht folgendermaßen aus:

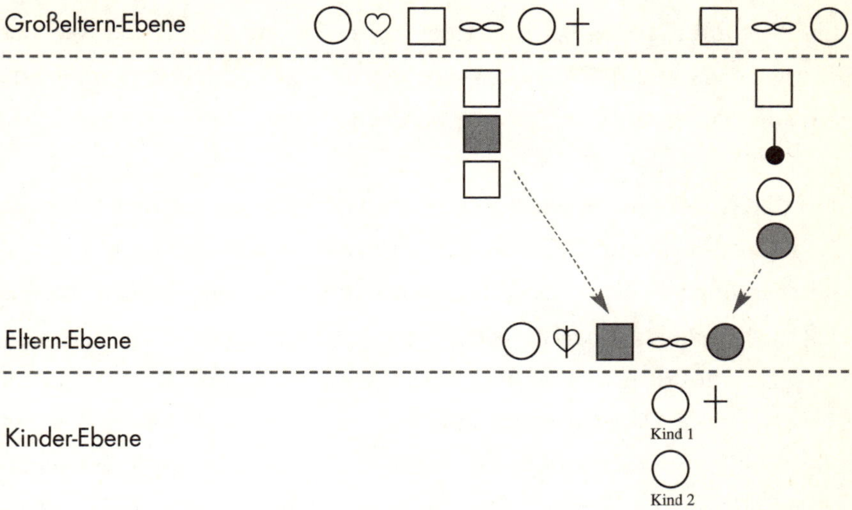

Das Genogramm dient nicht nur dazu, die Übersicht zu erleichtern. Wir erhalten dadurch viele Informationen über die Familie. Es gibt Familien, in denen über Generationen die Männer oder die Frauen früh sterben, in denen gehäuft Selbstmorde auftreten oder Frauen von Männern verlassen werden. Dadurch können wir uns das Klima in der Familie vorstellen und erhalten Hinweise darauf, welche Lebensregeln die Kinder wahrscheinlich gelernt haben.

Was ist geschehen?

Doch wir wollen noch mehr wissen. Die zweite Frage lautet: „Was ist in deiner Familie geschehen?" Wir interessieren uns dabei eher nicht dafür, wann die jüngste Schwester vom Fahrrad gefallen ist und sich das Schlüsselbein gebrochen hat, auch nicht dafür, daß der Vater Buchhalter war und ungern wanderte. Wir fragen ganz bestimmte Ereignisse ab, die das Leben der Familie entscheidend geprägt haben. Je besser der Teilnehmer informiert ist, um so genauer können wir arbeiten. Diese Ereignisse betreffen vor allem drei Ebenen: die Ebene der Kinder, die der Erwachsenen und die Schicksalsebene, die alle Ereignisse umfaßt, die von außen über die Familie hereingebrochen sind.

Auf der Kinderebene interessieren uns vor allem die Halbgeschwister. Sie können aus einer früheren Partnerschaft der Eltern oder aus einem Seitensprung von Vater oder Mutter entstanden sein und werden manchmal verheimlicht. Zuweilen sind ältere Geschwister oder Zwillingsgeschwister gestorben, und über diese wird häufig nicht gesprochen. Äußerst wichtig ist für das Kind, daß die Vaterschaft klar ist. Wenn nötig, sollte dies durch einen Test geklärt werden. Schwere Krankheiten oder Behinderungen eines oder mehrerer Kinder wirken sich tiefgreifend auf die Geschwister aus. Eine schwere Geburt, bei der Mutter und / oder Kind in Lebensgefahr gerieten, ist ebenfalls bedeutsam. War das Kind Grund für die Heirat der Eltern? Wenn die Ehe schiefging, fühlt sich das Kind oft unbewußt schuldig am Unglück der Eltern. Wurde die Ehe der Eltern geschieden? Darf das Kind trotzdem beide Eltern haben? Gab es Gewalt in der Familie oder sogar sexuelle Übergriffe? Sind Vater oder Mutter früh gestorben, das heißt, als das Kind noch als Kind in seiner Familie lebte? Verstehen Sie das nicht falsch! Sie müssen keine Geheimnisse preisgeben. Die heimlichen oder gestorbenen Geschwister sind jedoch so wichtig, daß Sie diese, wenn Sie an einer wirklichen Lösung interessiert sind, angeben sollten.

Auf der Erwachsenenebene interessiert uns, ob Vater und Mutter verheiratet waren und wann sie geheiratet haben. Gab es vor dieser Beziehung andere feste Partner? Gerade in der Generation, die im letzten Weltkrieg erwachsen wurde, gibt es oft Verlobte, die im Krieg gefallen oder verschollen sind. Durch die politischen Wirren wurde manch ein Paar jäh auseinandergerissen. Waren die Eltern schon einmal verheiratet? Was geschah mit diesem Ehepartner? Es wirkt verschieden, wenn die Ehe durch den Tod eines Partners oder durch eine Scheidung getrennt wurde. Das meinen wir nicht moralisch. Beim Tod des Partners sind andere Gefühle zu bewältigen als bei einer Scheidung. Sind aus dieser Beziehung Kinder entstanden? Gehören sie dazu oder werden sie verschwiegen? Litt ein Elternteil an einer Sucht? Oft darf niemand außerhalb der Familie von der Sucht wissen, und dadurch entsteht ein Klima der Heimlichkeit. Waren Vater oder Mutter krank? Gab es Gewalt in der Familie, möglicherweise Gewaltverbrechen wie Mord und Totschlag? Ging es beim Erbe gerecht zu? Wenn Höfe oder Firmen vererbt werden, gibt es manchmal Streit unter den Geschwistern, und wenn wirklich Unrecht geschah, wirkt dies in den Familien der Nachkommen weiter.

Mit Schicksal meinen wir die Ereignisse, die von außen ohne Zutun der Familien über diese hereinbrechen. Im deutschsprachigen Raum ist es vor allem der Zweite Weltkrieg, der sich entscheidend auf die Menschen auswirkte. Viele Männer fielen viel zu jung an der Front, andere kamen aus den Gefangenenlagern gebrochen zurück. Die Nationalsozialisten begingen Völkermord an Juden, Sinti und Roma, was sich bis heute sowohl auf die Nachkommen der Täter wie der Opfer auswirkt. Die Sudetendeutschen und die Bewohner der Ostgebiete wie Pommern und Schlesien wurden ihrerseits vertrieben. In der früheren DDR erfuhren Andersdenkende die Repressalien eines totalitären Staates.

Zum Schluß noch eine Art Checkliste, die jeder, der sich für eine Aufstellung interessiert, durchgehen kann, um sich zu vergewissern, ob er die wichtigsten Informationen parat hat.

Kinderebene

Gibt es Halbgeschwister, die verheimlicht werden?
Gibt es Geschwister, die unbekannt oder verstorben sind?
Ist die Vaterschaft klar?
Sind Kinder schwer erkrankt oder behindert?
War ein Kind Heiratsgrund?
Wie verlief die Geburt?
Gab es körperliche Gewalt oder sexuelle Übergriffe?
Starben Vater oder Mutter früh?

Schicksal

Ist jemand im Krieg gefallen?
Gab es Flucht und Vertreibung?
Gibt es Opfer von Kriegsverbrechen?
Gibt es Kriegsverbrecher?
Geschahen Gewaltverbrechen an der Familie?

Erwachsenenebene

Geburts- und Sterbedaten der Geschwister von Vater und Mutter.
Gab es außergewöhnliche Ereignisse in den Familien der Großeltern?
Hatten Vater und Mutter vor der Ehe feste Partner?
Gibt es Kinder aus früheren Beziehungen?
Sind Vater und/oder Mutter süchtig?
Erlitten Vater und/oder Mutter schwere Krankheiten?

Kam es zu körperlicher Gewalt zwischen den Erwachsenen?
Kamen Gewaltverbrechen oder sexuelle Übergriffe vor?
Wurde das Erbe gerecht verteilt?

Schuld oder Verstrickung?

Bei dem, was alles in einer Familie geschehen mag, sprechen wir nur sehr selten von Schuld. Darunter verstehen wir ausschließlich Taten, die ein Mensch einem anderen kaltblütig zufügt, wobei er die schädigende Wirkung billigend in Kauf nimmt und darüber hinaus *keine Reue* für sein Tun empfindet. Alle anderen Handlungen, so schmerzhaft sie sich auf den einzelnen auch auswirken mögen, basieren auf einer Verstrickung ins Familiensystem.

Verstrickt ist ein Mensch, wenn er ganz oder teilweise die Position und/oder die Aufgabe eines anderen Familienmitglieds übernimmt. Die daraus resultierenden Verhaltensmuster sind geprägt von dieser Doppelrolle. Da der Mensch die Position nicht bewußt übernommen hat, um anderen zu schaden, sondern unbewußt, um sein Familiensystem zu stützen, macht er sich nicht schuldig, auch wenn andere unter seinem Verhalten leiden mögen. Schuldig wird er erst, wenn er kaltblütig schädigt.

Das Thema Schuld bereitete uns lange Zeit großes Kopfzerbrechen, denn wenn sich jemand in dieser Weise schuldig macht, hat er seinen Platz in der Familie verspielt und muß ausgeschlossen werden, da sonst ein Unschuldiger die Sühne auf sich nimmt. Es ist keine Kleinigkeit, einen Menschen aus seinem Familiensystem auszuschließen, auch wenn es sich in einem Seminar „Familienstellen" nur um dessen Stellvertreter handelt. Uns stand die Möglichkeit des Mißbrauchs dieser Intervention oder der fälschlichen Anwendung glasklar vor Augen.

Nun ist der Ausschluß aus dem System nach dem Bruch eines Tabus keine Erfindung von Familientherapeuten. Bei Naturvölkern wie afrikanischen Stämmen oder den Aborigines Australiens war es üblich, Stammesmitglieder nach dem Bruch eines Tabus aus der Gemeinschaft auszuschließen und sie in die Wüste oder den Urwald zu jagen. Meist starben solche Ausgestoßenen kurze Zeit später, nicht, weil sie verhungert oder verdurstet wären, sondern weil der Ausschluß an sich ihnen den Lebenswillen nahm. Und sind die Gefängnisse der Welt nicht ebenfalls Orte, wo Menschen, die sich schuldig gemacht haben, aus der Gesellschaft ausgeschlossen werden?

Wir sind Therapeuten und keine Richter. Wir wissen um die unzähligen Unschuldigen, die wegen ihrer politischen Überzeugung, ihrer Religion oder ihrer Rasse in Gefängnissen leiden. Deshalb spekulieren wir nicht mit Schuld. Wir sprechen nur dann von Schuld, wenn Mord, Mißbrauch oder Kriegsverbrechen offensichtlich und bewiesen sind.

Solche Fälle sind zum Glück sehr selten. Wir haben bei den vielen hundert Familien, die wir aufstellten, nur wenige Male jemanden aus dem System herausstellen müssen. Ein Fall ist uns deutlich in Erinnerung. Ein junger Mann, der an Multipler Sklerose litt, erzählte von seinem Großvater, der im Zweiten Weltkrieg Greueltaten an der Zivilbevölkerung verübte und sich, wenn er betrunken war, damit vor seinen Enkeln brüstete. Bei der Aufstellung zeigte sich, daß der Enkel unbewußt die Schuld für diesen Großvater übernahm. Es wirkte ungeheuer erleichternd auf ihn, als er dem Großvater die alleinige Verantwortung für die Schuld ließ. Wir stellten den Großvater aus der Familie heraus, was auch das Double des Großvaters als angemessen empfand. Kurz nach der Aufstellung meldete sich der junge Mann und sagte glücklich, er habe zum erstenmal seit Monaten wieder Gefühl im linken Arm.

Wenn sich ein Vater oder eine Mutter schuldig gemacht haben, bleiben sie trotzdem Vater oder Mutter für ihre Kinder. Sie werden von ihren Kindern trotz ihrer Schuld dafür geachtet, daß sie ihnen das Leben gegeben haben. Doch für die Kinder ist es wichtig, dem Stellvertreter von Vater oder Mutter in die Augen zu sehen und zu sagen: „Ich lasse die Schuld und ihre Folgen bei dir." Mord kann auch im Affekt geschehen; dann wirkt er sich ganz anders aus. Die Verantwortung für die Tat bleibt in jedem Fall beim Täter, doch er büßt seinen Platz im System nicht ein.

Meist handelt es sich in Familien jedoch um Verstrickungen, und die lassen sich nur durch Liebe lösen. Wird solch ein Mensch aus der Familie ausgestoßen, reagiert das System darauf wie auf einen Ausgeschlossenen. Doch darüber mehr in Kapitel sieben.

Der Auftrag

Nachdem unser Wissensdurst gestillt und das Genogramm aufgezeichnet ist, könnte es eigentlich losgehen. Doch bevor wir anfangen, stellen wir noch eine wichtige Fragen: Wohin soll die Reise gehen? Wir bitten den Klienten darum, uns einen Auftrag zu erteilen.

Der Auftrag ist für uns wichtig, damit wir wissen, was der Klient lösen möchte. Natürlich haben wir selbst auch Ideen, was zu bearbeiten wäre, doch es kann gut sein, daß dem Klienten etwas anderes viel wichtiger ist, und wir glauben zutiefst, daß nur er selbst entscheiden kann, was ihm guttut. So halten wir uns streng an den Auftrag, und wenn jemand sagt, daß es ihm reicht, hören wir auf, selbst wenn ein Folgeschritt zum Greifen nahe wäre. Mit dieser Arbeitsweise vermeiden wir, daß sich der Klient zu viel zumutet und deshalb schlecht mit dem Ergebnis zurechtkommt. Den nächsten Schritt macht er dann, wenn er fühlt, daß er dazu bereit ist.

Für den Klienten ist der Auftrag wichtig, weil er sich klar werden muß, was er will. Mit dieser Frage lassen wir ihn nicht allein, sondern erarbeiten gemeinsam das Ziel, was bereits schon therapeutisch wirkt. Wir erinnern uns an einen Klienten, der meinte, er wolle am Konflikt zwischen den Generationen arbeiten. „Welche Generationen?", fragten wir. „Die Generationen von Müttern und Söhnen!", antwortete er. „Welche Mütter und Söhne?", bohrten wir unhöflicherweise nach. „Na, zwischen mir und meiner Mutter!", gab er zu. Dieses Beispiel wirkt lustig, doch ist es häufig so, daß wir das Problem, das uns betrifft, möglichst umgehen. Wir weichen aus, denn wir fürchten den Schmerz, der entstehen mag, wenn wir genau hinschauen. Wenn wir jedoch am Kernpunkt angelangt sind, spüren wir das sofort. Vielleicht sind wir aufgewühlt, traurig oder zornig. Wir nehmen uns selbst in unserer Verletzung wahr und ernst.

Um die Definition des Auftrags zu erleichtern, fragen wir häufig nach dem Ziel, das sich der Klient gesetzt hat. Woran würde er merken, daß es ihm gelungen ist? Könnten auch andere den Unterschied sehen? Manchmal lassen wir körperlich darstellen, wie der Klient jetzt durchs Leben geht und was sich nach einer gelungenen Arbeit daran verändern würde.

Wir fragen ausdrücklich nach dem Ziel und nicht nach dem Problem. Was empfinden Sie, wenn Sie nach Ihrem Problem gefragt werden? Wie ändert sich Ihr Empfinden, wenn Sie Ihr Ziel formulieren? Natürlich wird das Problem gewürdigt, doch mit der Fokussierung auf das Ziel gewinnt man die nötige Eigenmotivation, wenn es schwierig werden sollte. Dient das Verhalten, das man seit vielen Jahren zeigt und das keine Veränderung brachte, dem Ziel, oder könnte man sich dazu entschließen, etwas Neues auszuprobieren?

Der Auftrag hat noch eine wichtige Funktion: Der Klient übernimmt damit die Verantwortung für seinen Prozeß. Er behält sie während der gesamten Arbeit, und wir fragen im Zweifelsfalle noch einmal nach, ob er bestimmte Schritte wirklich gehen will. So gestaltet er den Prozeß mit und erarbeitet sich die Lösung selbst. Wir begleiten und unterstützen ihn dabei. Widerstände gegen die Arbeit werden durch diese Vorgehensweise nur selten geweckt, denn eine selbst erarbeitete Lösung ist leichter anzunehmen als Schritte, die der Therapeut vorgibt.

Herkunfts- oder Gegenwartssystem?

Oft taucht die Frage auf: „Welche Familie soll ich stellen? Die Familie, in der ich Kind war, oder die, in der ich heute lebe?" (Die Familie, in der ich Kind war, nennen wir Herkunftssystem. Sie wird auch Ursprungs- oder Primärsystem genannt. Meine heutige Familie ist mein Gegenwartssystem.)

Wir beantworten die Frage meist mit einer Gegenfrage: „Was ist dir wichtig?" Damit wollen wir wissen, wohin es den Klienten zieht. Wenn die Frau gerade dabei ist, sich von ihrem Mann zu trennen, richtet sich ihr Fokus möglicherweise mehr auf die Gegenwart. Besonders wenn Kinder da sind, geht es oft darum, wie sich das Paar trennen kann, ohne daß sie allzusehr darunter leiden. Zuweilen geht es um Auffälligkeiten oder Symptome der Kinder, und die Eltern wollen wissen, ob sie durch eine Störung in der Familie hervorgerufen werden. All dies kann eine Arbeit im Gegenwartssystem notwendig machen. Mehr darüber in Kapitel acht.

Meist geht es jedoch um Störungen, die im Herkunftssystem entstanden sind. Wenn sie gelöst sind, geht es auch der Gegenwartsfamilie besser. Manchmal stellt ein Klient seine heutige Familie auf, und es wird ganz deutlich, daß es sich um ein „importiertes Problem" aus dem Herkunftssystem handelt. Es kommt zum Beispiel ziemlich häufig vor, daß sich ein Paar gegenseitig nicht nehmen kann, weil beide in ihren jeweiligen

Herkunftsfamilien gebunden sind. Damit ist jedoch nicht unbedingt zeitlicher Einsatz gemeint. Das Engagement kann innerer Art sein, etwa bei dem Sohn, der seiner Mutter den Partner ersetzt. Da er diese Aufgabe unbewußt übernommen hat, wird er nur sehr schwer eine Partnerin finden, und wahrscheinlich gestaltet sich die Beziehung zu ihr eher schwierig. Wenn Sie jetzt noch bedenken, daß sich ein solcher Mann genauso unbewußt eine Partnerin mit derselben Dynamik aussucht, können Sie sich leicht die daraus entstehenden Probleme ausmalen. Hier kann es sehr befreiend wirken, sich die übernommene Aufgabe bewußt zu machen, um frei für den Partner zu werden.

Wenn also keine brennenden Probleme im Gegenwartssystem bestehen, wird im allgemeinen die Herkunftsfamilie aufgestellt.

Wie oft soll man aufstellen?

Wir werden immer wieder gefragt, wie oft man aufstellen soll. Diese Frage ist nicht pauschal zu beantworten. Manche stellen nur einmal auf und sind damit zufrieden. Andere stellen öfter auf, weil sie bemerken, daß sie durch die Aufstellung wichtige Impulse für ihr Leben bekommen. Zuweilen brauchen bestimmte Ziele auch mehrere Schritte. Besonders bei schwierigen Familienverhältnissen kann es sein, daß sich der Klient langsam an die von ihm angestrebte Lösung herantastet. Wir unterstützen dieses Vorgehen, da es sich für die Klienten als gut „verdaulich" erwiesen hat. Heftige emotionale Krisen sind oft nicht notwendig, wenn man sich selbst genügend Zeit läßt. Am Schluß von Kapitel sechs ist ein Fallbericht wiedergegeben, wo einer Klientin nach der fünften Aufstellung der Durchbruch gelang.

Es gibt einige Klienten, die zwischendurch lieber nur doubeln. Dadurch, daß sie Mutter, Vater, Kind, Großvater oder Urgroßmutter sein können,

üben sie Schritte, die sie ihren eigenen Lösungen näherbringen. Lebensgeschichten sind, obwohl natürlich jede einzigartig ist, in gewissem Sinne ähnlich. So können Klienten, die bestimmte Schwierigkeiten haben, beim Doubeln mit genügendem Abstand an ihrem Problem arbeiten.
Wir sind immer wieder erstaunt, welch immense Entwicklungsschritte Klienten machen, die mehrmals aufstellen. Die Leidensgeschichten der anderen lassen die eigenen Dramen an Gewicht verlieren. Die Teilnehmer erfahren immer wieder, daß Haß und Kampf nichts zur Klärung beitragen, und üben, sich auf liebevolle Lösungen einzulassen. Vielen gelingt es, diese Klarheit und emotionale Reife auf den Alltag zu übertragen. Wenn eine Schwierigkeit in mehreren Schritten genommen wird, kann Familienstellen im Ausnahmefall auch im Abstand von wenigen Wochen angebracht sein, doch es ist verträglicher und bringt wesentlich mehr, der Integration der Prozesse etwas Zeit zu lassen.

Sollen Partner oder Familienangehörige teilnehmen?

Wir haben nur gute Erfahrungen damit gemacht, wenn Paare oder Familien gemeinsam zum Familienstellen gehen. Damit die Erfahrung zur Bereicherung für alle wird, ist folgendes zu berücksichtigen:
Wir arbeiten bei Paaren mit jedem an seiner Herkunftsfamilie, nicht aber an Paarproblemen. Diese Schwierigkeiten gehen wir lieber in der Paartherapie an, da sie den Gruppenrahmen sprengen. Die Partner profitieren ungemein davon, wenn sie die Verstrickungen erkennen, in denen sie sich in ihrem jeweiligen Herkunftssystem befinden. Sie merken, welche Muster sie unbewußt auf den Partner anwenden, obwohl dieses Verhalten eigentlich Vater oder Mutter galt. Wenn sie erfahren, daß sie sich auf Grund ihres starken Engagements in ihrer Ursprungsfamilie als Partner noch gar nicht genommen haben, können sie dies beim Familien-

stellen nachholen. Wir haben schon einige Paare in unseren Kursen gehabt, die kamen, weil sie sich trennen wollten, merkten, daß sie sich noch gar nicht genommen hatten, und gingen, um eine erfülltere Beziehung zu leben. Von den Paaren, die öfter kommen, wissen wir, daß sich nach der Aufstellung viele Probleme „in Luft" aufgelöst haben.
Immer wieder werden wir gefragt, warum wir „einen Partner nehmen" sagen und nicht „annehmen" oder „akzeptieren". Das Wort „nehmen" haben wir von Bert Hellinger, und so lassen wir ihn erklären, was er darunter versteht: „Zur Ordnung zwischen Mann und Frau gehört, daß der Mann die Frau zur Frau und die Frau den Mann zum Mann will. Außerdem ist es wichtig, daß es zwischen ihnen zu einem Austausch kommt, bei dem beide gleichermaßen geben und nehmen. Beide müssen… geben, was sie haben, und nehmen, was ihnen fehlt. Das heißt, der Mann gibt sich der Frau zum Mann und nimmt sie zur Frau; und die Frau gibt sich dem Mann zur Frau und nimmt ihn zum Manne."[9]
Mann und Frau können durchaus lange zusammen leben, ohne sich in aller Tiefe genommen zu haben. Wenn der Mann innerlich neben seiner Mutter steht, kann er seine Frau in dieser Tiefe nicht zur Frau nehmen, weil die Mutter diesen Platz besetzt. Wenn eine Frau innerlich neben ihrem Vater steht, kann sie ihren Mann in dieser Tiefe nicht zum Mann nehmen, weil der Vater diesen Platz besetzt. Auch andere männliche oder weibliche Familienmitglieder können den Partnerplatz blockieren, und solange dies nicht geklärt ist, sind Mann und Frau nicht frei für einander. Dies alles zeigt sich in einer Aufstellung.
Geschwister unterstützen einander unserer Erfahrung nach gut bei den Aufstellungen. Kinder lassen wir erst ab sechzehn Jahren und nach einem ausführlichen Gespräch als Zuschauer zu, denn wir wollen sicher sein, daß die Jugendlichen die sehr intensiven Prozesse auch gut verkraften.

Wir hatten auch schon Mütter mit ihren erwachsenen Töchtern im Kurs. Diese Töchter wollten das Verhältnis zu ihren Müttern in der Aufstellung klären. Dies wurde durch offene Gespräche vorbereitet, denn die Mutter muß fähig sein, ihrer Tochter ihr Bild von der Familie zu lassen. Nach einer solchen Vorbereitung wurden diese Aufstellungen erleichternd und lösend empfunden.
Wir stellen Familienmitglieder und Partner grundsätzlich nicht als Double für ihre eigene Rolle auf. Sie schauen dem Prozeß als Beobachter zu. Erst im Schlußbild nehmen sie ihren Platz in der Familie ein. Solche Bilder sind meist sehr beglückend, denn es wirkt sehr tief, wenn eine Tochter der wirklichen Mutter in den Armen liegt.

Die Lösungssätze

Um zu einer Lösung zu kommen, müssen wir miteinander reden. Um wirklich lösungsorientiert miteinander reden zu können, ist es hilfreich, eine der wichtigsten Grundregeln der Kommunikation zu kennen, die der Psychologe Paul Watzlawick mit seinen Mitarbeitern Beavin und Jackson 1967 entwickelte und unter dem Titel „Die 5 Axiome der Kommunikation" bekanntmachte. Uns interessiert hier nur das 2. Axiom: „Jede Kommunikation hat einen Inhalts- und einen Beziehungsaspekt, derart, daß letzterer den ersteren bestimmt...".[10] Watzlawick machte damit klar, daß Worte nicht nur Inhalte transportieren, sondern gleichzeitig die Beziehung derjenigen, die miteinander sprechen, emotional definieren. Wir reagieren in erster Linie auf diesen emotionalen Aspekt. Das wollen wir erklären. Stellen Sie sich vor, ein Ehepaar sitzt im Auto. Der Mann fährt. Die Frau sagt: „Die Ampel ist rot!" Der Inhaltsaspekt ist klar. Doch dieser Inhalt kann verschiedene Reaktion des Mannes auslösen. Wenn er entgegnet: „Kümmere dich um deinen eigenen

Kram!“, hat er den Hinweis seiner Frau als Bevormundung aufgefaßt. Er hört: „Der Trottel kann nicht Auto fahren.“ Wir können davon ausgehen, daß die Beziehung der beiden angespannt ist. Ist die Beziehung harmonisch, könnte er hören: „Ich weiß, daß du innerlich beschäftigt bist, und deshalb möchte ich dich entlasten.“ Je klarer eine Beziehung definiert ist, um so häufiger geht es um die Inhalte. Bei Konflikten um „Sachen“ geht es jedoch fast immer um die Beziehungsebene.

Aus der Paarberatung wissen wir, daß sich die Konflikte vieler Paare genau auf diesen Punkt zurückführen lassen. Männer reagieren eher auf den Inhaltsaspekt, Frauen eher auf den Beziehungsaspekt. So reden beide unaufhörlich aneinander vorbei, und die Streitigkeiten eskalieren. Die Männer werfen den Frauen vor, sie seien unsachlich, die Frauen den Männern, sie seien gefühllos. Wenn beiden klar wird, daß sie sich jeweils nur auf einen Aspekt der Kommunikation versteifen und den anderen außer Acht lassen, gelingt die Verständigung wieder.

Wie setzen wir beim Familienstellen Sprache ein? Wenn die Aufstellung bis zu einem bestimmten Punkt gediehen ist, bitten wir den Klienten, einen vorgegebenen Satz zu wiederholen. Dabei lassen wir uns zum Teil von Bert Hellinger inspirieren, der die Lösungssätze in das Familienstellen einbrachte, zum Teil entwickeln wir eigene Sätze. Damit verfolgen wir zwei Ziele: wir decken auf und ordnen. Beim Aufdecken machen wir dem Klienten klar, was er unbewußt tut, ohne sich dies eingestehen zu wollen. Diese Sätze wirken provokativ, doch durch die Überzeichnung wird offensichtlich, was verdeckt war. Der Satz: „Papa, ich bin die Bessere für dich“ macht jeder Tochter deutlich, daß sie den Partnerplatz neben dem Vater einnimmt. Der Satz: „Mama, ich trage die Verantwortung für dein Leben“ macht dem Sohn klar, daß er seine Mutter „beeltert“.

Ein ordnender Lösungssatz ist dagegen nie provokativ. Er wirkt sehr tief und heilend. Der Satz: „Ich bin der Kleine, du bist der Große“ bringt die Hierarchie zwischen Sohn und Vater wieder in die Ordnung. Ein Kind, das zu seiner Mutter aus tiefstem Herzen sagt: „Liebe Mama“ und die Mutter dabei anschaut, drückt damit mehr aus als mit vielen Worten.

Wir bitten die Klienten, die Lösungssätze wörtlich nachzusprechen, und dies aus gutem Grund. Aus der Hypnose wissen wir, daß Worte verschieden auf unser Unbewußtes wirken. Das Unbewußte reagiert auf die starken Begriffe. So kann zum Beispiel der Satz: „Ich habe Angst“, nicht durch den Satz: „Ich habe keine Angst“ aufgelöst werden. Die Verneinung „keine“ ignoriert das Unbewußte, weil sie schwächer ist als das Wort „Angst“. Durch den Satz „Ich bin nicht müde“ wird man die Schläfrigkeit nicht los, und der Satz: „Ich bin nicht aufgeregt“ macht uns nicht lockerer. Sagen wir uns statt dessen: „Ich bin munter“ und „Ich bin entspannt“, stärken wir uns in dem von uns beabsichtigten Sinne. Sagen Sie Ihrem Kind lieber nicht: „Die Klassenarbeit ist nicht schwer“, denn damit werden Sie es kaum beruhigen. Stärken Sie es lieber mit: „Du schaffst das mit Leichtigkeit.“

Wir erinnern uns an ein Double, das die Mutter einer Klientin spielte. Diese Tochter hatte viel für ihre Mutter getragen und war sich nicht sicher, ob diese sie auch dann lieben würde, wenn sie ihr zumuten würde, ihr Schicksal selbst zu tragen. Das Double der Mutter sollte folgenden Satz nachsprechen: „Ich liebe dich, auch wenn du mein Schicksal nicht für mich trägst.“ Die Frau konnte mit dem Satz nichts anfangen und statt nachzufragen, sagte sie: „Ich liebe dich, auch wenn du mich im Stich läßt!“ Zum Glück ließ sich diese fatale Änderung des Lösungssatzes gut beheben, und sicher verstehen Sie jetzt, warum wir auf einer wörtlichen Wiederholung der vorgegebenen Sätze bestehen.

Kapitel 5

Regeln und Verhaltensmuster

„Es ist ein Riesenschritt, erlernte Überzeugungen in Frage zu stellen. Wir begeben uns damit ins Ungewisse, und das macht erst einmal Angst. Der Weg dorthin ist beschwerlich und oft unklar. Wenn wir jedoch zum Entdecker unseres Selbst werden, dann brechen wir aus unserem Gefängnis aus. Damit schaffen wir eine wichtige Voraussetzung für persönliches Wachstum. Wir können unsere Energie jetzt dazu benutzen, neue Möglichkeiten auszuprobieren, anstatt sie weiterhin damit zu verschwenden, alte Überzeugungen zu verteidigen, damit unser Leben einigermaßen erträglich bleibt.“[11] *Virginia Satir*

Regeln sind von Menschen gemacht, und deshalb unterscheiden wir Regeln von Ordnungen. Regeln müssen den natürlichen Ordnungen nicht unbedingt entsprechen. Sie können ihnen sogar entgegenwirken.
Regeln sind notwendig, um unser Zusammenleben zu organisieren. Die von der Gesellschaft geteilten Regeln nennt man „Gesetze“. Wenn wir unser Verhalten danach ausrichten, benehmen wir uns im Sinne der Gesellschaft richtig. Übertreten wir eine Regel, geraten wir mit dem Gesetz in „Konflikt“, und dies wird, je nach Schwere des Verstoßes, mehr oder weniger streng bestraft. Die Strafe soll uns bewußt machen, daß unser Verhalten regelwidrig war. Sie soll erzieherisch wirken, damit sich das unerwünschte Verhalten nicht wiederholt. Regeln oder Gesetze wirken sich also auf unser Verhalten aus.

Auf Grund von Regeln bilden wir Verhaltensmuster, die es uns ermöglichen, automatisch, ohne nachzudenken, auf die Situationen des Lebens zu reagieren. Mit Hilfe dieser stereotypen Verhaltensweisen können wir den Alltag bewältigen. Dazu wollen wir Ihnen ein Beispiel geben.

Vielleicht erinnern Sie sich noch an Ihre erste Fahrstunde. Zuerst stand die technische Beherrschung des Fahrzeugs im Vordergrund, und deswegen suchte der Fahrlehrer wenig befahrene Straßen aus, damit Sie sich aufs Gasgeben, Kuppeln, Bremsen, Schalten und Lenken konzentrieren konnten. Nach einigen Stunden griffen Ihre Hände automatisch nach dem Schalthebel, und die Füße kannten den Unterschied zwischen Kupplungs-, Gas- und Bremspedal. Jetzt konnten Sie Ihre Aufmerksamkeit mehr dem Straßenverkehr widmen. Nach mehreren Jahren Fahrpraxis braucht die Einschätzung des Straßenverkehrs immer weniger Energie, so daß sogar Gespräche beim Autofahren möglich sind. Ihr inneres Warnsystem unterscheidet vertraute von unbekannten Situationen, und wenn es sich meldet, sind Sie sofort wieder konzentriert dabei. Wenn Sie sich die einzelnen Bestandteile des Autofahrens – die Bewegungsabläufe und Verkehrsregeln – in jeder Sekunde vergegenwärtigen müßten, wären Sie gar nicht in der Lage, sich sicher im Straßenverkehr zu bewegen.

So prägen auch die Regeln in unseren Familien unser Verhalten. Sie sind dafür verantwortlich, wie wir die Welt wahrnehmen und auf sie reagieren. Viele Regeln sind nützlich und hilfreich und ermöglichen uns, die Situationen des Lebens automatisch richtig einzuschätzen. Doch sicher kennen Sie Situationen, auf die Sie stereotyp in einer Weise reagieren, die Ihnen hinterher leid tut. Wie sehr Sie sich auch vornehmen, Ihr Verhalten zu ändern – sobald Sie sich in einer ähnlichen Situation befinden, reagieren Sie genauso „unmöglich“ wie immer.

Wenn wir davon ausgehen, daß jedem Verhalten eine Regel zugrunde liegt, gibt es auch für die verrücktesten Verhaltensmuster „psycho-logische" Ursachen. Die Seele hat einen plausiblen Grund für ihre Reaktion. Nach ihrer Logik verhält sie sich richtig. Leider ist Ihnen dieser Grund nicht mehr bewußt. Sie haben die Regel vergessen (oder verdrängt?), wegen der Sie dieses „unmögliche" Verhaltensmuster zeigen. Das Muster ist das einzige, was Ihnen geblieben ist.

„Bestens!" sagen systemisch arbeitende Therapeuten, denn wir lieben Symptome. Wir betrachten sie nicht als Feinde, die man so schnell wie möglich loswerden muß, sondern im Gegenteil als Verbündete, die uns unweigerlich zu der zugrundeliegenden Regel führen werden. Wir gehen sogar noch einen Schritt weiter. Für uns sind ungeliebte Verhaltensmuster oder Symptome Lösungsversuche, um spezifische Situationen zu bewältigen. Vielleicht erinnern Sie sich noch an Gregory Bateson und seine These, an Schizophrenie erkrankte Patienten reagierten mit ihrer Symptomatik ganz „normal" auf die Kommunikationsweise ihrer Familien. Das Muster tut etwas für den Menschen; das Symptom ist sein Verbündeter.

Deshalb stellen wir die Frage: „Was tut das Muster für Sie? Wovor bewahrt es Sie?" Im ersten Augenblick klingt die Frage frech, fast wie eine Provokation. Die Vorstellung, daß die Depression, die Angstanfälle, die psychosomatische Erkrankung, die plötzlichen Wutausbrüche positiv wirken sollen, ist zuerst einmal sehr ungewohnt. Doch warum gelingt es dem Klienten mühelos, dieses Verhaltensmuster oft viele Jahre lang durchzuhalten, obwohl es ihn vordergründig stört und in seiner Entfaltung behindert und dies vor dem Hintergrund, daß wir Dinge, die uns guttun, oft nicht durchhalten können? Oder wie steht es mit Ihren guten Vorsätzen – bei mir ist es regelmäßiger Sport –, die Sie sich jedes Jahr zu Sylvester vornehmen?

Deshalb stellen wir die Frage: „Was tut das Muster für Sie? Wovor bewahrt es Sie?“ Im ersten Augenblick klingt die Frage frech, fast wie eine Provokation. Die Vorstellung, daß die Depression, die Angstanfälle, die psychosomatische Erkrankung, die plötzlichen Wutausbrüche positiv wirken sollen, ist zuerst einmal sehr ungewohnt. Doch warum gelingt es dem Klienten mühelos, dieses Verhaltensmuster oft viele Jahre lang durchzuhalten, obwohl es ihn vordergründig stört und in seiner Entfaltung behindert und dies vor dem Hintergrund, daß wir Dinge, die uns guttun, oft nicht durchhalten können? Oder wie steht es mit Ihren guten Vorsätzen – bei mir ist es regelmäßiger Sport –, die Sie sich jedes Jahr zu Sylvester vornehmen?

Wenn wir Verhaltensweisen, die uns nützen, nicht durchhalten, dann müssen die Verhaltensmuster, die uns vordergründig schaden, einen so entscheidenden Vorteil haben, daß wir sie mit Leichtigkeit aufrecht erhalten. Erinnern Sie sich? Symptome sind Lösungsversuche. Wir reagieren damit auf uns nicht bewußte Regeln, die wir oft genug in unseren Familien gelernt haben. Damals diente dieses Verhalten unserem seelischen oder gar körperlichen Überleben. Da uns dies nicht mehr bewußt ist, reagieren wir auch heute noch so, obwohl sich der Kontext entscheidend verändert hat. Damals waren wir Kind und somit vielem ausgeliefert, heute sind wir erwachsen und gestalten unser Leben selbst. Wenn wir den Vorteil nicht kennen, den dieses Verhalten früher für uns hatte, ein Vorteil, der vielleicht auch heute noch wirkt, werden wir das Symptom nicht aufgeben. Erst wenn Nutzen und Kosten eines Musters gegenübergestellt werden, kann man sich entscheiden, das Muster beizubehalten oder etwas Neues, dem heutigen Kontext Angemesseneres auszuprobieren.

Lassen Sie uns die Regeln, aus denen solche Muster entstehen, gemeinsam untersuchen. Wir unterscheiden drei in Familien wirksame Regelsysteme:

1. Regeln, die das Zusammenleben organisieren. Diese Regeln sind bekannt.
2. Regeln, die die Werte einer Familie repräsentieren. Diese Regeln sind so etwas wie das Motto der Familie. Sie können ausgesprochen werden oder so selbstverständlich sein, daß man nicht darüber spricht.
3. Regeln, die Kinder aus dem Zusammenleben in der Familie lernen. Über diese Regeln besteht eine stillschweigende Übereinkunft.

Die Regeln der ersten Kategorie müssen kaum erklärt werden. Familien organisieren ihr Zusammenleben nach Regeln wie zum Beispiel: „In der Wohnung darf nicht geraucht werden!", „Beim Essen wird nicht gelesen!", „Um 19.00 Uhr muß das Kind zu Hause sein!" Wir alle kennen solche Gebote. Diese Regeln sind bekannt, und deshalb können wir mit ihnen umgehen.
Die Regeln der zweiten Kategorie repräsentieren die Werte einer Familie. In ihnen spiegeln sich die Ideale, welche die Familie anstrebt. Diese Regeln nehmen meist keine Rücksicht auf die Bedürfnisse des einzelnen. „Arbeit macht das Leben süß", „Nur Leistung zählt" oder „Bildung ist Leben", könnte so ein Motto lauten. Besonders in Süddeutschland wird es noch oft an die Hauswand geschrieben. Das Motto: „Gott ist unsere Zuversicht" weist auf die religiöse Ausrichtung der Bewohner hin, „Tritt fröhlich ein, bring Glück herein" auf deren Gastfreundschaft. Christianes Großvater, der kurz vor dem Zweiten Weltkrieg ein „Ökohaus" – wie wir es heute nennen würden – baute, gravierte eigenhändig in den Balken über der Haustür das Motto: „Gelobt sei, was hart macht!" Sie können sich sicher vorstellen, daß in diesem Haus alles vermieden wurde, was seine Bewohner zu verweichlichen drohte. Deshalb verfügte das Haus nicht über den überflüssigen Luxus einer Badewanne

im Wohnbereich und war nur mit einem Kachelofen zu beheizen. In der warmen Jahreszeit liebte Christiane das Haus, doch im Winter tat sie ihr Bestes, das Baden im Keller, wo sich außer ihr noch viele dicke Spinnen aufhielten, zu umgehen. Der Kachelofen spendete nur in einem Zimmer zaghaft Wärme, doch immerhin hatte sie auf der Ofenbank einen heißen Rücken, wenn auch die Nase lauwarm blieb. Wände und Zudecken im Schlafzimmer waren reifbedeckt, und so lernte sie noch die wundersame Schönheit von Eisblumen am Fenster kennen, eine Pracht, die den heutigen Kindern durch die Isolierverglasung völlig entgeht.
Sicher gibt es auch in Ihrer Familie solch ein Motto, auch wenn es nicht an der Hauswand steht.
Wenn Familien eigene Firmen oder Höfe haben, gilt meist die Regel: „Zuerst das Geschäft, dann das Privatleben." In solchen Familien gilt meist außerdem das Gesetz, daß der älteste Sohn oder ein anderes Kind das Unternehmen weiterführt. Solche Regeln sind ungemein wirksam. Wir hatten in unseren Kursen einige Landwirte, die ihre Höfe von den Vätern übernommen hatten. Obwohl der Hof nicht mehr rentabel zu bewirtschaften war, schufteten sie bis zum Rande des körperlichen und psychischen Zusammenbruchs, weil es ihnen auf Grund der Familienregel unmöglich schien, die Landwirtschaft aufzugeben oder den Hof gar zu verkaufen. Und weil bei Familienunternehmen das Geschäft kaum vom Privatleben zu trennen ist, wird die Familie nach Firmenkriterien verwaltet, was heute fast immer zu großen Spannungen führt. Meist sind es die Partner, die nicht selbst von einem Hof oder aus einem Familienbetrieb stammen, die an dieser Regel fast zerbrechen und in die Therapie kommen.
In einem unserer Kurse war ein Mann, der sich von seiner Frau, mit der er zwei Kinder hat, scheiden ließ. Er wollte diese Beziehung mit einer

Aufstellung klären. Da er arbeitslos war, fragten wir nach den Umständen. Er berichtete folgende Geschichte: Die Eltern seiner Exfrau hatten eine Firma, und als der Schwiegervater plötzlich starb, boten die Ehefrau und die Schwiegermutter dem Mann an, die Leitung der Firma zu übernehmen. Obwohl er eigentlich nicht vom Fach war, lockte ihn der Posten, und er wurde Geschäftsführer. Seine Schwiegermutter wurde seine Chefin, und seine Frau verlangte als Teilhaberin der Firma regelmäßige Rechenschaftsberichte. Beide Frauen erwarteten von ihm, daß er den Betrieb genauso führte wie der Schwiegervater.

Diese Erwartung konnte er nicht erfüllen, da er, was seine Frau sehr an ihm geschätzt hatte, ein sehr sensibler, nachdenklicher Mann war. Doch jetzt wurde seine Empfindsamkeit plötzlich zum Kritikpunkt, und seine Frau verlangte geschäftliche Härte von ihm, eine Eigenschaft, die sie bei ihrem Vater stets bemängelt hatte. Bald gab es in der Familie kein Privatleben mehr. Es drehte sich alles nur noch ums Geschäft. Verzweifelt gab er sein Bestes, doch da er nicht war wie sein Schwiegervater, nannte ihn seine Frau vor den Kindern offen einen Versager. Schließlich gab es zwischen den Eheleuten keine Gemeinsamkeiten mehr. Die Schwiegermutter kündigte ihm, er wurde arbeitslos, das Paar ließ sich scheiden, und die Exfrau verhinderte seitdem seine Kontakte zu den Kindern.

In der Aufstellung wurde ihm zum erstenmal klar, wie sehr hier die beiden Systeme Familie und Betrieb vermischt worden waren. Die Firma stand für die Familie seiner Frau an erster Stelle, und so wirkten seine Mißerfolge im Betrieb destruktiv auf die Paarebene. Er selbst stammte nicht aus einem Geschäftshaushalt und hatte diese Regel deshalb nicht berücksichtigt. Um diese Vermischung von Privat und Geschäft zu verdeutlichen, ließen wir ihn zwei Doubles für seine Ehefrau wählen: eine

Frau für die Partnerin und Mutter seiner Kinder, die andere für die Geschäftsfrau. Damit gelang es ihm, die beiden Aspekte seiner Frau innerlich zu trennen. Der ehemaligen Partnerin und Mutter seiner Kinder konnte er mühelos die Achtung erweisen, und der Geschäftsfrau gegenüber machte er seine finanziellen Forderungen geltend.

Alte Familien werden ähnlich „gemanagt" wie eine Firma. Je älter die Familie, umso starrer ist das Regelsystem, und wenn es sich um Adel oder gar um Hochadel handelt, ist das einzelne Mitglied völlig unwichtig. Es geht hier in erster Linie um die hohen Werte der Familie, die das einzelne Mitglied zu erfüllen hat, ganz gleich, ob sie ihm persönlich entsprechen. Besonders bei alten preußischen Familien gilt: „Nicht wollen, was man mag, sondern tun, was man muß!" Das persönliche Empfinden spielt keine Rolle. Auch hier sind es meist die angeheirateten bürgerlichen Partner oder die Kinder aus solchen Verbindungen, die dem Druck nicht standhalten und therapeutische Unterstützung suchen.

Jetzt kommen wir zur dritten Regelkategorie. Neben den bekannten Regeln gibt es in den Familien die ungeschriebenen Gesetze, Regeln, die niemand ausspricht, von denen aber jeder weiß, daß sie gelten. Die Kinder lernen sie aus dem Familienleben. Wenn der Vater immer das letzte Wort hat, lernen die Kinder, daß Männer das Sagen haben, und wenn der Sohn diese Regel nicht hinterfragt, wird er sich in seiner Ehe ähnlich verhalten. Entscheidet die Mutter im Alleingang, färbt auch dies auf die Kinder ab, und ohne die Möglichkeit, darüber zu sprechen, lernen die Kinder Beziehungsregeln, die sie unbewußt auf ihre eigenen Partnerschaften anwenden.

Nun sind die bisher angeführten Beispiele ziemlich offensichtlich, leicht zu durchschauen und zu korrigieren. Doch es gibt tiefer liegende Regeln, die wir anwenden, ohne uns dessen bewußt zu sein. Eine Klientin kam zu mir in die Praxis, weil sie Schwierigkeiten mit ihrem Mann hatte. Er verhalte sich überhaupt nicht verantwortlich, sie müsse in der Familie alles allein regeln. Seltsamerweise sei ihr erster verstorbener Mann ähnlich gewesen. Als wir über ihre Herkunftsfamilie sprachen, erzählte sie von einer Kindheit im Zweiten Weltkrieg. Sie war in einer Bombennacht geboren worden, und die Mutter hatte sie mühsam durchgebracht. Den Vater sah sie erst mit drei Jahren und konnte sich mit dem Fremden, der nur auf dem Stuhl saß und weinte, nicht anfreunden. „Männer sind Schlappschwänze", entschied das Kind, denn die Mutter hatte nie geweint. Die Traumatisierung durch Krieg und Gefangenschaft war schwer für den Vater, und so erlebte das kleine Mädchen einen schwachen Mann und eine starke Mutter. Das Beziehungsmuster – schwache Männer mit starken Frauen – hatte sich ihr unbewußt eingeprägt, und so suchte sie sich als Partner mit absoluter Zielsicherheit schwache Männer aus, die ihre Verantwortung nicht tragen wollten. Als ihr diese unbewußte Beziehungsregel bewußt wurde, merkte sie, daß sie ihrem Partner keine Verantwortung zumutete. Sie erkannte, daß sie ihren Teil zum Beziehungskonflikt beigetragen hatte, und beschloß, den Mann an der Organisation der Familie zu beteiligen, eine Aufgabe, die er sehr gerne übernahm.

In Familien mit Alkoholproblemen gilt meist die ungeschriebene Regel, daß nichts von den Schwierigkeiten nach außen dringen darf. Alkoholismus wird nicht als Krankheit, sondern als Charakterfehler verstanden und ist eine Schande für die Familie. Manchmal gilt die Regel, daß alle so tun müssen, als gäbe es kein Problem. Kinder, die ein sehr präzises Empfinden für Unstimmigkeiten haben, können daraus lernen, daß sie ihren Gefühlen nicht trauen dürfen. Da der Alkoholiker unzuverlässig ist, organisiert und kontrolliert die Familie sein Leben. Ein in einer solchen Familie aufgewachsenes Kind lernt, daß es notwendig und normal ist, das Leben anderer zu kontrollieren. Es wird sich zielsicher einen Partner suchen, der ebenfalls Alkoholiker ist oder sein Leben durch eine Krankheit oder andere Umstände nicht allein bewältigt.

Auch Familiengeheimnisse wirken auf die Kinder. Sie wachsen mit der unausgesprochenen Regel auf, daß es etwas in der Familie gibt, das auf keinen Fall verraten werden darf. In einem unserer Kurse hatten Eltern Schwierigkeiten mit ihrer jüngsten Tochter, die im Kindergarten jede Kommunikation mit Erzieherinnen und anderen Kindern verweigerte, sich zu Hause aber völlig normal verhielt. Wir stießen auf ein Familiengeheimnis, das von den Eltern sorgsam gehütet wurde. Wie waren sie erstaunt, als sich in der Aufstellung herausstellte, daß die Kleine getreu der unausgesprochenen Regel: „Es darf nichts verraten werden!" vorsichtshalber gar nicht mit Fremden sprach. Die Eltern erklärten zu Hause den Kindern, daß es sich um eine uralte Geschichte handle, die mit ihnen nichts zu tun habe. Erleichtert begann das Mädchen, im Kindergarten Freundschaften zu schließen.

Solche tiefen Regeln können nur im Kontext der Herkunftsfamilie durchschaut werden. Das Familienstellen, das diesen Kontext sichtbar macht, ist eine ausgezeichnete Technik, um unausgesprochene Regeln aufzuspüren und bewußt zu machen. Steigt ein solches Muster an die Oberfläche, ist der Klient tief berührt. Er spürt den großen Augenblick, wo er vielleicht zum erstenmal die Weichen bewußt verstellen kann. Durch den Prozeß der Aufstellung fällt es ihm meist leicht, die verborgenen Vorteile des Musters zu erkennen. Und jetzt ist er in der Lage, wirklich zu entscheiden, ob die Vorteile des Musters überwiegen oder ob der Preis, den er dafür zahlt, zu hoch geworden ist. Jetzt entscheidet er selbst darüber, ob er dieses Verhalten fortsetzen will, und wenn er die

Weiche neu stellt, gelingt die Veränderung. Oft spiegelt sich dies in der Außenwelt wider, und immer wieder erzählen uns Klienten, daß sich Menschen melden, die zuweilen über Jahre den Kontakt abgebrochen hatten, daß sich Dinge regeln und wie von selbst wieder in Ordnung kommen. Wenn irgendwo im System eine tiefgreifende Veränderung geschieht, wirkt sich diese auf alle Mitglieder des Systems aus.

Das Familienstellen ist unserer Erfahrung nach eine der raschesten und effektivsten Methoden, um behindernde Regeln aufzuspüren. Sie gibt dem Klienten eine echte Chance, die daraus resultierenden Verhaltensmuster wirklich zu verändern.

Kapitel 6

Störungen in der Hierarchie

„Wenn der Vater wirklich Vater ist und der Sohn Sohn, wenn der ältere Bruder seinen Platz als älterer Bruder ausfüllt und die jüngere Schwester ihren Platz als jüngere Schwester, wenn der Gatte wirklich Gatte ist und die Gattin Gattin, ist die Sippe in Ordnung. Ist die Sippe in Ordnung, so kommen die Gesellschaftsbeziehungen der Menschheit in Ordnung."

I Ging, Das Buch der Wandlungen

Vielleicht erinnern Sie sich noch: *Lebendige Systeme sind hierarchisch geordnet*. Hierarchien dienen dazu, die Verantwortung zu verteilen. Sie legen fest, wer in welchem Bereich das Sagen hat und wer welche Aufgaben übernimmt. In Familien bedeutet dies, daß die Kinderebene von der Erwachsenenebene hierarchisch – und nur hierarchisch – getrennt sein muß. Die Erwachsenenebene ist darüber hinaus in eine Paar- und eine Elternebene geteilt.

Wichtig wird diese Unterteilung in Paar- und Elternebene vor allem bei einer Scheidung. Auf der Paarebene finden die Konflikte statt, und deshalb trennt sich auch nur das Paar. Die Elternebene wird davon nicht berührt, denn Mann und Frau sind immer Vater und Mutter ihrer Kinder. Viel Leid könnte vermieden werden, wenn dies beherzigt würde. Kinder verkraften die Trennung ihrer Eltern wesentlich leichter, wenn sie wissen, daß Mama und Papa sich als Paar nicht mehr verstehen, als Eltern aber immer in Liebe für sie da sind.

Der amerikanische Spielfilm „Mrs. Doubtfire“, in dem ein Vater darum kämpft, seine Kinder auch nach der Scheidung von seiner Frau häufig sehen zu dürfen, behandelt dieses Problem. Das Paar zerstreitet sich, die Frau wirft den Mann aus dem Haus, und es wird gerichtlich angeordnet, daß er seine drei Kinder nur alle zwei Wochen sehen darf. Da die Frau sehr wütend auf ihren Partner ist, verbietet sie ihrem Mann jeden weiteren Kontakt. Der Mann, der sich sehr nach seinen Kindern sehnt, schreckt nicht davor zurück, sich als ältere Dame zu verkleiden, um als Haushaltshilfe im Haus seiner Frau die Kinder zu betreuen und diesen damit nahe zu sein. Natürlich fliegt der Schwindel auf, und nach einigen Verwicklungen beginnen Mann und Frau zu erkennen, daß sie über die Belange der Kinder nicht als zerstrittenes Paar, sondern als Eltern reden sollten. Beide merken, wie destruktiv ihre Paarkonflikte auf die Kinder wirken, und weil beide gute Eltern sein wollen, finden sie Wege, daß der Vater den Kontakt zu seinen Kindern ganz normal pflegen darf.

In der gesunden Familie stehen die Erwachsenen hierarchisch an der Spitze. Sie tragen als Eltern die Verantwortung für die materielle Versorgung, sie organisieren das Zusammenleben. Die Kinder werden ihrem Alter entsprechend einbezogen, doch die wichtigen Entscheidungen treffen die Eltern allein. Sie schützen ihre Kinder und regeln die Probleme, die sie als Erwachsene angehen. Die Kinder wachsen mit dem Gefühl heran, sich auf ihre Eltern verlassen zu können. Die Eltern stehen hinter ihnen.

Doch häufig ist die Hierarchie gestört, und es herrscht Unklarheit darüber, wer welche Verantwortung tragen muß. Die Erwachsenen sind aus den verschiedensten Gründen nicht in der Lage, die Elternposition einzunehmen. Eigentlich könnte man annehmen, daß die Familien auseinanderbrechen. Daß dies oft doch nicht geschieht, erklärt das nun schon bekannte Systemgesetz:

Lebendige Systeme erhalten sich selbst. Sie erreichen durch dynamische Interaktionen ein Fließgleichgewicht. Obwohl das System ständig in Bewegung ist, gibt es bemerkenswerte Regulierungsmechanismen, um diesen Zustand aufrechtzuerhalten.

Wenn die Erwachsenen ihre Aufgaben nicht erfüllen, regulieren die Kinder das System, um die Familie zu erhalten. Sie übernehmen nicht nur Pflichten im Haushalt oder die Betreuung jüngerer Geschwister. Vor allem versuchen sie, die emotionalen Belastungen der Erwachsenen auszugleichen.

Kinder spüren sofort, wenn es Vater oder Mutter nicht gutgeht. Sie empfinden ihre Traurigkeit, ihre Angst, ihr Unbehagen. Auch für Spannungen in der Beziehung der Eltern haben Kinder ein feines Gespür. Eltern glauben häufig, ihre Kinder merkten nichts von ihren Konflikten, doch Kinder haben nicht nur Stofftiere und Puppen im Kopf. Sie sind hochsensible Antennen und bilden sich ihre eigenen Theorien. Auf Grund ihrer Schlüsse beginnen die Kinder zu handeln. Die Eltern sind die wichtigsten Bezugspersonen in ihrem Leben, und so tun sie alles, um die Familie zusammenzuhalten. Sie übernehmen auf ihre Weise die Verantwortung dafür, daß es den Eltern gutgeht. Dies tun sie nicht durch einen wirklich bewußt gefaßten Entschluß. Sie handeln spontan und intuitiv. Aus diesem Grund könnten die Kinder, wenn man sie fragte, die Motive für ihr Handeln nicht in Worte fassen. An ihrem Verhalten erkennt man aber, daß sie eine Regel befolgen, die zum Beispiel lauten könnte: „Erwachsene schaffen es nicht allein. Ich trage die Last für sie!“ Weil die Entscheidung nicht bewußt getroffen wurde, wirkt sie weiter, auch wenn das Kind längst selbst erwachsen ist und eine eigene Familie hat. Solche Menschen fragen sich zum Beispiel, warum sie sich nicht wirklich von ihrer Herkunftsfamilie lösen können, warum ihre Partnerschaften nicht gelingen oder warum bestimmte Schwierigkeiten immer wieder auftauchen. Durch das Familienstellen wird sichtbar, wo und wie die hierarchische Ordnung gestört ist.

Doch heute gibt es noch andere, ideologische Gründe dafür, daß die Hierarchie in Frage gestellt wird. Zum einen wollen die jungen Eltern den als autoritär empfundenen Erziehungsstil der eigenen Eltern auf keinen Fall wiederholen, zum anderen geistert der Mythos der hierarchielosen, klassenlosen Gesellschaft immer noch durch die Köpfe. Obwohl es noch nie gelungen ist, eine Gesellschaft ohne hierarchische Ordnung zu bilden – die früheren Ostblockstaaten, vor allem aber die Sowjetunion sind abschreckende Beispiele für die brutale Herrschaft der Parteihierarchie über das Volk –, glauben die Menschen, ihre ideologischen Vorstellungen gefahrlos in der Familie ausprobieren zu können. Sie verstehen sich als Freunde ihrer Kinder, als gleichberechtigte Partner, was sich zum Beispiel auch daran zeigt, daß sie sich mit dem Vornamen anreden lassen und nicht mit „Vater" und „Mutter". Doch ein Freund steht hierarchisch auf derselben Ebene wie man selbst, und deshalb haben die Kinder in solchen Familien keine Großen, an denen sie sich ausrichten können. Häufig fehlen klare Grenzen, die dem Kind Halt und Widerstand bieten.

Verstehen Sie das nicht falsch! Wir propagieren hier keinen autoritären Erziehungsstil, bei dem der Wille des Kindes gebrochen wird. Doch Kinder müssen lernen, sich in eine Gemeinschaft einzuordnen, und das lernen sie heute kaum noch in ihren Familien. Sie brauchen Grenzen, um sich an ihnen zu messen und daran zu wachsen. Sie müssen lernen, für ihre Interessen zu kämpfen, und sie müssen erfahren, daß sie auch verlieren können. Wenn diese Lernprozesse nicht mehr in den Familien stattfinden, weil die Eltern Angst davor haben, die „Bösen" zu sein, falls sie ihren Kindern Widerstand bieten, verlagern diese die Auseinandersetzung in die Schule, die Ausbildung, den Beruf und die Partnerschaft. Dies ist mit ungleich höheren Kosten für die Kinder und für die Gesellschaft verbunden.

Die wachsende Gewalt an deutschen Schulen sollte jedem deutlich machen, daß bei der Erziehung der Kinder etwas Grundsätzliches versäumt wird. Oft sind die Lehrer die ersten Menschen, die den Kindern Grenzen setzen, und sie müssen ausbaden, daß viele Eltern ihren Erziehungsauftrag nicht mehr erfüllen. Eine Lehrerin in Ostdeutschland hat dafür bereits mit dem Leben bezahlt! Unzählige Kollegen müssen sich heute täglich mit Beschimpfungen und der Androhung körperlicher Gewalt auseinandersetzen, wenn sie, wie es ihre Aufgabe ist, Leistungsforderungen durchsetzen wollen. Wenn ein Schulleiter, wie in Berlin geschehen, die Polizei anfordert, um in den Klassenzimmern nach Waffen zu suchen, und wenn die Beamten scharf geladene Pistolen, Gaspistolen, Klappmesser und Drogen aus Schultaschen holen, ist es allerhöchste Zeit, die Ideologie der hierarchielosen Gesellschaft in Frage zu stellen.

Unser Sohn Marian erteilte seiner Mutter im zarten Alter von anderthalb Jahren eine Lektion zum Thema Hierarchie. Sie war mit ihm auf dem Boden herumgekrochen und hatte sich hinreißen lassen, auch Babysprache zu sprechen. Darauf schaute er sie strafend an und sagte: „Majan will teine Babymama. Majan will eine doße Mama!" Es passierte ihr nie wieder.

Wir stellen Ihnen jetzt die drei am häufigsten in Familien vorkommenden Hierarchieprobleme vor.

Kinder auf dem Partnerplatz

Wenn die Eltern als Paar Schwierigkeiten miteinander haben, wenn das Paar sich scheiden läßt oder ein Elternteil stirbt, übernehmen die Kinder den frei gewordenen Platz. Sie spüren den Mangel und stabilisieren das System, indem sie einspringen und versuchen, die emotionale Lücke auszufüllen. Kinder tun das meist von sich aus, ohne von den Erwachsenen dazu aufgefordert worden zu sein.

Auch wir erleben solche Situationen mit unserem Sohn. Christiane erzählt: Als mein Mann Alexander noch in der Wirtschaft arbeitete, mußte er regelmäßig drei bis vier Tage in der Woche in einer anderen Stadt verbringen. Ich konnte mich an diese regelmäßigen Trennungen nie gewöhnen. Unser damals Dreijähriger merkte, daß es mir nicht gut ging, und so erklärte ich ihm, daß ich traurig sei, weil der Papa in einer anderen Stadt arbeiten müsse. Er lief sofort zu mir und sagte tröstend: „Du mußt nicht traurig sein, Mama, ich bin ja bei dir." Er versuchte augenblicklich, die Lücke zu füllen! Ich nahm ihn auf den Schoß und antwortete: „Marian, ich bin froh, daß du bei mir bist, und ich bin trotzdem traurig, daß der Papa nicht da ist."

Hätte ich seine Reaktion einfach nur süß gefunden und auf sich beruhen lassen, hätte er aus dieser Situation gelernt, daß er den Vater bei seiner Mutter emotional ersetzen kann. Er wäre damit auf den Partnerplatz gerutscht! Wir sprechen bei Bedarf immer wieder darüber, daß ich den Papa als meinen Mann ganz anders liebe als ihn, meinen Sohn.

Wenn Spannungen zwischen den Eltern herrschen, ergreift das Kind häufig für den Elternteil Partei, den es als schwächer empfindet. Es bildet dann mit dem Erwachsenen eine offene oder geheime Koalition. Bei der offenen Koalition verbündet sich der Erwachsene mit dem Kind und weiht es in die Paarproblematik ein: „Du weißt ja, mit deiner

Mutter/ deinem Vater kann ich über so etwas nicht reden, aber du bist ja schon so vernünftig," oder „Dein Vater/deine Mutter behandelt mich schlecht. Sag du ihm/ihr doch mal, daß er/sie dies tun/lassen soll!" Das Kind fühlt sich geschmeichelt, doch gleichzeitig zahlt es einen hohen Preis: Emotional verliert es seine Eltern! Für den Vater oder die Mutter ist das Kind nicht mehr Sohn oder Tochter, sondern Vertrauter oder Vertraute, und damit steht es hierarchisch mit den Erwachsenen auf einer Ebene. Der Schritt zum sexuellen Mißbrauch ist hier nur noch ein gradueller.

Bei der verdeckten Koalition schlägt sich das Kind nicht offen auf Vaters oder Mutters Seite. Es unterstützt sie im geheimen und ist fest davon überzeugt, Vater oder Mutter viel besser zu verstehen als der Partner. Ist die Tochter überzeugt, daß sie ihrem Vater nähersteht als die Mutter, stellt sie sich über sie und lehnt sie ab. Der Sohn, der seiner Mutter nähersteht, gerät in einen Konkurrenzkampf mit dem Vater. Auch hier verliert das Kind emotional seine Eltern, doch wenigstens bleiben ihm die Einzelheiten der elterlichen Paarproblematik erspart.

Führen die Eltern offen Krieg, scharen sich die Kinder häufig um den Elternteil, der ihrer Meinung nach angegriffen wird, und unterstützen ihn gegen den vermeintlichen Aggressor. Oft wird die Mutter vor dem Vater „geschützt". Wenn die Eltern sich trennen, übernimmt das älteste Kind häufig die Rolle desjenigen, der nicht mehr in der Familie lebt, und wird damit zum Partner. Mir antwortete ein Siebzehnjähriger, dessen Eltern sich scheiden ließen, auf meine Frage, ob er denn nach dem Abitur studieren wolle, strahlend: „Nur, wenn es meiner Mutter gutgeht." Ein solcher Sohn läuft Gefahr, diese enge Bindung an die Mutter zu behalten. Er ist ihr treu und wird Schwierigkeiten haben, eine Beziehung zu einer gleichaltrigen Frau aufzubauen.

Auch bei Todesfällen springen Kinder dem überlebenden Elternteil bei. Verstehen Sie das nicht falsch! Wir finden es richtig, daß Kinder ihren Eltern helfen, wenn sich die Familie in einer Krise befindet. Hier geht es nur um die Verletzung der Hierarchie, also darum, daß ein Kind den Platz eines Verstorbenen einzunehmen versucht.

Seltener kommt es vor, daß ein Elternteil mit den Kindern koaliert und sich hierarchisch auf ihre Ebene stellt. Zu uns kam eine Familie, die Schwierigkeiten bei der Erziehung ihrer Kinder hatte. Die beiden Größeren verweigerten offen den Gehorsam. Bald stellte sich heraus, daß sich der Vater mit den Kindern gegen die Mutter verbündet hatte und verdeckt gegen ihren Willen handelte. Er wagte es nicht, seine unterschiedliche Auffassung von Erziehung offen mit seiner Frau zu diskutieren. Die Kinder genossen einerseits, daß der Vater gemeinsame Sache mit ihnen machte, denn dadurch hatten sie viele Vorteile. Sie spürten indes genau, daß er sich auf ihre Ebene stellte, und verweigerten ihm deshalb den Gehorsam. Der Mutter gehorchten sie nicht, weil der Vater sie in diesem Verhalten unterstützte. Sie können sich sicher vorstellen, daß die Frau äußerst wütend war, weil sie die Elternfunktion alleine ausüben mußte. Sie fühlte sich von ihrem Mann betrogen. Nachdem die Eltern die Ordnung in der Hierarchie wiederhergestellt hatten, gab es keine disziplinarischen Schwierigkeiten mit den Kindern mehr. Die Paarprobleme gingen die Eltern ohne die Kinder an.

In der Familienaufstellung wird eine solche Verletzung der hierarchischen Ordnung schon aus dem Bild heraus deutlich. Darüber hinaus äußern sich die Doubles der Familie dementsprechend. Die Stellvertreter der Geschwister sind häufig wütend, denn der Partnerplatz neben Vater oder Mutter beinhaltet eine gewisse Machtposition, wodurch sich Bruder oder Schwester über die Geschwister stellen.

Was ist der Nutzen und was sind die Kosten der Partnerposition? Der Nutzen ist häufig das Gefühl, etwas Besonderes zu sein. „Mama, ich bin der Bessere für dich", sagt der Sohn stolz und schaut geringschätzig auf den Vater. „Ich stehe meinem Vater viel näher als meine Mutter", sagt die erwachsene Tochter und meint damit, daß sie den Konkurrenzkampf der Frauen um den Mann klar gewonnen hat.

Die Kosten sind, wie schon gesagt, der emotionale Verlust der Eltern. Ein solches Kind hat keine Eltern mehr, und weil es in der Partnerposition nicht Kind sein kann, verliert es auch noch seinen Kinderstatus. Als Partner eines Elternteiles darf es nicht klein sein. Nur wenn es genauso groß ist wie die Erwachsenen, kann es ihnen helfen.

Nun kann, wer nicht klein sein durfte, auch nicht groß werden. Schritte in der Entwicklung können nicht übersprungen werden. Der Aspekt in uns, der auf einer bestimmten Altersstufe vernachlässigt wurde, bleibt auf dieser Altersstufe stehen und entwickelt sich nicht weiter. Dieser Aspekt mischt im Leben des Erwachsenen mit und bringt es oft genug gründlich durcheinander.

Wie sich so ein stehengebliebener Kinderaspekt in Ihrem Inneren auswirkt, können Sie sich ganz leicht klarmachen, wenn Sie daran denken, welchen Wirbel aktive Kleinkinder täglich veranstalten. Haben Sie selbst keine Kinder, sollten Sie um der Erfahrung willen wenigstens ein Wochenende bei Freunden oder Bekannten verbringen, die im besten Falle ein Kind in der Trotzphase haben. Denn nur wenn Sie erlebt haben, wie sich so ein kleines nervenstarkes Energiebündel vor einem großen Erwachsenen aufbaut und diesem Goliath wütend Widerstand leistet, können Sie ermessen, wie dieser Aspekt in Ihnen wirkt. Wenn Sie sich jetzt vorstellen, daß diesem vernachlässigten, wütenden, verzweifelten Kleinkindaspekt die körperliche Kraft und die Intelligenz des

Erwachsenen zur Verfügung stehen, können Sie sich die Kosten ausmalen, die Sie für den Partnerplatz zahlen.
Durch die Aufstellung erhalten Sie die Möglichkeit, bewußt darüber zu entscheiden, ob Sie durch diese Position so viel für sich gewinnen, daß Sie die Kosten auch weiterhin in Kauf nehmen.

Kinder auf dem Elternplatz

In manchen Familien sind die Eltern physisch oder psychisch nicht in der Lage, ihre Aufgaben als Eltern wahrzunehmen. Dafür können körperliche oder psychische Erkrankungen und schwere Belastungen aus den eigenen Herkunftsfamilien verantwortlich sein. Auch hier springen die Kinder ein und übernehmen die Aufgaben der Erwachsenen, um ihr System zu stabilisieren.
Erwachsene, die durch eine Krankheit körperlich eingeschränkt sind, können bestimmte Aufgaben nicht oder nur eingeschränkt wahrnehmen. Wenn in der Familie offen über die Behinderung und die damit verbundenen Gefühle der Kinder gesprochen wird und wenn die anfallenden Pflichten an alle Beteiligten verteilt werden, ist dies für die Kinder eine gute Möglichkeit, das gemeinschaftliche Tragen von Krisen zu lernen. Meist gelingt dies, denn körperliche Erkrankungen sind heute kein Makel mehr, den man vertuschen müßte.
Doch wenn die mit der Krankheit verbundenen Emotionen nicht angesprochen werden dürfen oder wenn die Erwachsenen selbst nicht mit ihrer Krankheit zurechtkommen, springen die Kinder ein. Wenn nötig übernehmen sie die Pflichten der Erwachsenen und sorgen für ihr emotionales Wohlergehen. Wenn sich Kinder um ihre Eltern kümmern müssen, rutschen sie hierarchisch auf die Ebene der Großen. Die Kinder beeltern ihre Eltern.

Wir erinnern uns an einen jungen Mann in einem unserer Kurse, dessen Vater früh gestorben war. Er stellte auf, und dem Stellvertreter des Vaters ging es gar nicht gut. Er gab an, seine Beine seien gefühllos und drohten, unter ihm wegzusacken. Jetzt erst erzählte der junge Mann von der Multiplen Sklerose seines Vaters. Das Schlimmste für ihn war, daß er den Gelähmten die Treppen hinauf und hinunter tragen mußte. Durch das Drama der fortschreitenden Erkrankung des Vaters war in der Familie kein Raum für die Gefühle des Jungen. Es wurde von ihm erwartet, seinen Vater zu vertreten und der Große, Starke zu sein. Damit war die Hierarchie auf den Kopf gestellt.

Kinder von alkoholkranken oder drogensüchtigen Eltern geraten ebenfalls in die Elternrolle. Diese Kinder müssen schon in sehr jungen Jahren nicht nur ihr Leben selbständig regeln, sondern auch das der Erwachsenen. Sie verrichten regelmäßig Aufgaben im Haushalt, sie betreuen jüngere Geschwister und kümmern sich allein um die Schule und die Hausaufgaben. Sie schätzen ein, ob der betrunkene Vater gewalttätig wird und ob sie sich und die Geschwister in Sicherheit bringen müssen, oder sie verstecken oder beseitigen den Schnapsvorrat der Mutter, weil sie wissen, daß dessen Inhalt für die Probleme verantwortlich ist. Solche Kinder sind schon sehr früh reif und treffen die Entscheidungen, zu denen ihre Eltern nicht fähig sind. Sie wachsen mit der Regel auf: „Erwachsene sind unzuverlässig und gefährlich. Ich mache meine eigenen Regeln."

Ein junger Mann kam zu mir, weil er immer wieder Gesetze übertrat und deswegen in Schwierigkeiten zu kommen drohte. Er stammte aus zerrütteten Familienverhältnissen. Seinen Vater kannte er nicht, die Mutter war fast immer betrunken. Schon früh begann der Sohn, sich seine Regeln selbst zu machen, denn von den Erwachsenen konnte er nichts erwarten. Das einzige Erziehungsmittel seiner Mutter waren Prügel. Der Junge wurde zum Einzelkämpfer und schlug sich irgendwie durch. Er lebte nach der Regel: „Ich kann mich nur auf mich selbst verlassen!“ Es war ihm egal, ob seine Regeln, mit deren Hilfe er in seiner Familie überlebte, auch in der Gesellschaft galten. Da er keinen Vater hatte, an dem er seine Kräfte messen konnte, legte er sich mit „Vater Staat“ an. Erst als dieser mit aller Härte zurückzuschlagen begann, suchte er therapeutische Hilfe. In der Therapie erhielt sein trotziger Kinderaspekt Raum und konnte nachholen, was er so vermißt hatte: die Beziehung zu einem erwachsenen Menschen, der an ihn glaubte, ihm vertraute, ihm Grenzen setzte und ihm damit half, im Leben zurechtzukommen. Allmählich wurden ihm seine unbewußten Regeln bewußt, er änderte sein Verhalten und hat heute keine Schwierigkeiten mehr.

Eine psychische Erkrankung eines Elternteiles wirkt sich meist ebenfalls traumatisch auf die Kinder aus. Psychosen sind immer noch nicht so „gesellschaftsfähig“ wie körperliche Erkrankungen, und deshalb herrscht in diesen Familien ähnlich wie in Suchtfamilien oft eine Atmosphäre der Heimlichkeit. Um das Familiensystem nach außen zu schützen, übernehmen die Kinder Pflichten, die eigentlich die Erwachsenen erfüllen müßten. Die kindlichen Sorgen und Nöte werden im Angesicht des familiären Dramas unwichtig. Das Kind kommt viel zu kurz.

Es gibt noch viele Gründe, die Eltern daran hindern, ihre Elternposition einzunehmen und auszufüllen. Die alleinerziehenden Mütter und Väter sind häufig überfordert, weil sie das finanzielle Überleben der Familie sicherstellen und die Kinder betreuen müssen. Wenn das Kind die Not des Elternteils spürt, springt es in die Bresche. Zuweilen sind es auch schwere Belastungen aus den Ursprungsfamilien der Eltern, die ihre

Aufmerksamkeit von der eigenen Familie abziehen. Die Eltern sind emotional noch so in ihren Ursprungsfamilien gefangen, daß sie selbst Unterstützung brauchen. Wenn die eigene Mutter oder der Vater früh gestorben sind, wenn die Familie im Krieg schwere Schicksalsschläge hinnehmen mußte, wenn Gewaltverbrechen geschahen, dann fühlen sich die Kinder gebunden. Wenn sie als Erwachsene heiraten, tragen sie ihr Trauma in die neue Familie hinein. Die ihnen geborenen Kinder spüren die Trauer und die Schwere und versuchen, Mutter oder Vater das Schicksal abzunehmen. Sie verdrängen die eigenen ängstlichen Gefühle und spielen zum Beispiel den „kleinen Sonnenschein", um die Eltern aufzuheitern. Andere sind immer brav, um die Eltern nicht noch mehr zu belasten. Sie sind die Großen, weil die Eltern nicht groß sein können.

In der Aufstellung kann man die Elternposition des Kindes meist schon aus dem Bild ablesen. Wieder geht es darum, Nutzen und Kosten dieses Platzes gegeneinander abzuwägen. Der Nutzen einer Elternposition ist für das Kind oft das Gefühl, wichtig zu sein. Es weiß besser als Mutter oder Vater, was gut für diese ist. Es lebt nach der unbewußten Regel: „Ich werde geliebt, weil man mich braucht." Häufig ergreifen Erwachsene aus solchen Ursprungssystemen helfende Berufe.

Die Kosten sind ähnlich denen des Partnerplatzes. Auch diese Kinder verlieren emotional die Eltern, doch ihre Position ist noch schwieriger: Sie haben in ihren Eltern keine gleichberechtigten Partner, sondern stehen hierarchisch über ihnen. Sie müssen die Großen sein, obwohl sie die Kleinen sind. Da sie häufig niemanden haben, dem sie sich anvertrauen können, fressen sie alles in sich hinein. Klienten, die sich in der Aufstellung auf dem Elternplatz finden, kennen die Kosten sehr genau und sind meist gerne bereit, die anstrengende Position aufzugeben.

Ich trage es für dich!

Es gibt also viele verschiedene Gründe dafür, warum Vater und/oder Mutter ihre Aufgaben als Partner oder Eltern nicht oder nur zum Teil wahrnehmen. Um das Familiensystem zu stabilisieren, übernehmen Kinder nicht nur die Positionen der Erwachsenen, sondern versuchen darüber hinaus, ihren Eltern alle Arten von unangenehmen Gefühlen abzunehmen. Sie befinden sich noch in einer magischen Welt, in der es möglich ist, Gefühle für andere Menschen zu tragen: Wenn ich traurig bin, muß die Mutter nicht traurig sein; ich rette ihr damit das Leben. Wenn der Vater sein schweres Schicksal nicht verkraftet, werde ich für ihn depressiv. Dann wird es ihm besser gehen.

Kinder übernehmen Verantwortung, zum Beispiel für die Erziehung der Geschwister oder für die Ehe der Eltern. Sie fühlen sich schuldig, wenn es zu einer Trennung kommt. Entweder glauben sie, daß sie die Trennung durch ihr Fehlverhalten verursacht haben, oder sie fühlen sich schuldig, weil es ihnen nicht gelungen ist, den Vater oder die Mutter in der Familie zu halten. Sie tragen schwer an dieser Last, und weil sie diese auf Grund einer unbewußten Entscheidung übernommen haben, bleibt ihnen das Gefühl der Schwere auch als Erwachsene. Das magische Weltbild, das sie glauben machte, sie könnten das Schicksal des anderen tragen, ist längst vergessen, doch das Verhaltensmuster wirkt so lange weiter, bis der Erwachsenen sich die zugrunde liegende Regel wieder ins Bewußtsein ruft.

Kinder tragen auch die Ideale ihrer Familien weiter, ihre Weltanschauungen und Regelsysteme. Aus Treue stellen sie diese nicht in Frage, obwohl die Ideale häufig weder dem Lebenskontext noch der Zeit entsprechen. Eine gute Freundin (gerade vierzig Jahre alt) rieb sich an dem Familienmotto auf: „Und handeln sollst du so, als hinge von dir und deinem Tun allein das Schicksal ab der deutschen Dinge, und die Verantwortung wär dein! (Fichte)“. Sie forderte sich Höchstleistungen ab, war zu jeder Zeit für alle da, immer freundlich, immer zuvorkommend. Erst als ihr Körper durch lästige, langwierige Erkrankungen signalisierte, daß er diese Aufopferung nicht verkraftete, wurde ihr bewußt, nach welcher Regel sie lebte. Ihr Vater war daran verzweifelt, daß die Deutschen ihre Ideale verloren hatten, und so hatte sich die Tochter verpflichtet, die Ideale des 19. Jahrhunderts für ihn zu leben. Sie revidierte die Regel und fand ein Gleichgewicht zwischen ihrem Dienst an anderen und Zeit für sich selbst. So lebt sie heute zwar kein ideales Leben mehr, doch sie ist gesünder, entspannter und glücklicher.

Wie die Aufstellung löst

Und was soll man mit diesen neu gewonnenen Informationen anfangen? Kann man denn überhaupt etwas rückgängig machen, was in der Realität stattgefunden hat?

Ereignisse kann man nicht verändern, sie existieren. Doch wir können darüber entscheiden, wie wir ein Ereignis betrachten. Dabei ist es ganz wichtig, herauszufinden, welcher Aspekt in uns die Situation beurteilt: der Erwachsene oder das vernachlässigte Kind. Beim Familienstellen arbeiten wir mit beiden Ebenen. Der Erwachsene stellt die Familiensituation auf, die er als Kind erlebt hat. Mit Hilfe der Stellvertreter, die sich tief in seine Familie einfühlen, versteht er die Dynamik und erkennt die Regeln und die daraus entstandenen Verhaltensmuster. Dieses Verständnis sorgt für eine gewisse Entspannung. Doch das allein würde den Klienten noch nicht wirklich befreien, da sein Kinderaspekt verletzt wurde, und der besteht vor allem aus Gefühlen. Wir geben diesem Kinderaspekt die Gelegenheit, die Verletzung auszudrücken und zu heilen.

Das ist deshalb möglich, weil der Erwachsene die Familiendynamik verstanden hat und meist bereit ist, den hierarchisch nicht stimmigen Platz aufzugeben. Er wagt, die Kinderposition einzunehmen.
Tief in jedem von uns existiert ein Bild, das genau weiß, wie es richtig gewesen wäre. Wir haben ein archetypisches Wissen vom wirklichen Vater und von der wirklichen Mutter. Vater- und Muttersein hat auf dieser Ebene nichts mit den Charakterschwächen und -stärken der Eltern zu tun. Hier geht es um die Menschen, die das Risiko auf sich nehmen, dem Kind das Leben zu ermöglichen. Diese Archetypen greifen im Augenblick von Zeugung und Geburt, ganz gleich, was die Menschen später daraus machen mögen. Die archetypischen oder idealen Eltern stehen stützend hinter dem Kind. Sie sind die schützenden Großen, zu denen das Kind vertrauensvoll aufschaut. Dieses innere Wissen nutzen wir und bauen daraus ein heilendes Bild, das Lösungsbild.
In diesem Lösungsbild lassen wir die Stellvertreter von Vater und Mutter oft als archetypische, als ideale Eltern nebeneinanderstehen. Auch die Doubles haben dieses innere Bild. Sie fühlen sich jetzt tatsächlich als Eltern. Der Erwachsene steht in seinem Kinderaspekt vor ihnen, und manchmal sieht er seine Eltern zum erstenmal zusammen. Häufig genießt der Kinderaspekt diesen Anblick, doch wenn es große Schwierigkeiten in der Familie gab, traut er dem Frieden nicht. Wir geben dem Kinderaspekt Raum, seine Zweifel, seine Wut, sein Mißtrauen auszudrücken, denn wir wissen, daß hinter diesen Gefühlen andere warten. Endlich darf der Kinderaspekt loslassen.
Ein Klient in einer unserer Gruppen kannte seinen Vater nicht. Der Vater wies jeden Versuch des Sohnes, ihn zu treffen, zurück. Der hochintelligente Sohn hatte sich stellvertretend für seinen Vater mit allen Autoritätspersonen angelegt, und in der Universität war er bei seinen

Professoren als äußerst scharfer Diskussionspartner gefürchtet. Als er in der Aufstellung vor dem Stellvertreter seines Vaters stand, versagte ihm fast die Stimme. Leise murmelte er: „Ich würde am liebsten endlich mal ‚du Arschloch' sagen." Wir ermutigten ihn dazu. Danach wirkte er wie befreit. Er schaute seinen Vater an und verstand, daß dieser Mann ihm das Leben geschenkt hatte. Plötzlich wurde ihm klar, daß es nicht nur das Leben, sondern auch seine hohe Intelligenz war, die er auch seinem Vater verdankte. Er lächelte glücklich und konnte seinen Vater nehmen.

Der Kinderaspekt hat das Bedürfnis, von seinen Eltern endlich zu hören, worauf er schon immer gewartet hat. Dieses Bedürfnis erfüllen wir. So lassen wir die Stellvertreter der Eltern zum Beispiel sagen: „Als Paar haben wir uns nicht gut verstanden. Es tut uns leid, wenn du darunter gelitten hast. Als Eltern, als Vater und als Mutter, stehen wir zusammen und sind immer für dich da." Damit sich der Erwachsene besser in den Kinderaspekt einfühlen kann, schlagen wir ihm vor, sich auf den Boden zu knien oder zu setzen, um aus der Position des Kindes zu den Eltern aufzuschauen. Oft ist dies ein sehr bewegender Augenblick, denn auf diesen Moment hat der Kinderaspekt womöglich vierzig Jahre lang gewartet. So geben wir diesem Prozeß viel Zeit. Dann lassen wir den Klienten sagen: „Ich bin der Kleine, ihr seid die Großen!", und die Eltern bestätigen dies.

Häufig kann ein Kind in der Position eines Erwachsenen die Liebe zu einem oder beiden Eltern nicht spüren. Hellinger nennt dies „unterbrochene Hinbewegung". Doch warum ist es so wichtig, die Eltern zu ehren, daß es sogar in der Bibel – und nicht nur in der Bibel – als Gebot verankert wurde? Haben viele Menschen nicht gute Gründe, sich von ihren Eltern abzuwenden? Was geschieht, wenn man Vater oder Mutter nicht achtet?

Auch hier können wir wieder auf ein Naturgesetz zurückgreifen, diesmal aus der Biologie. Jeder Mensch besteht jeweils zur Hälfte aus den Genen des Vaters und den Genen der Mutter. Im Augenblick der Zeugung vereint sich der Spermienfaden des Vaters mit der Eizelle der Mutter, und sowohl Spermium wie auch die Eizelle enthalten jeweils einen einfachen Chromosomensatz. Durch die Befruchtung des Eis entsteht eine Zelle, die den doppelten Chromosomensatz enthält, also jeweils einen vom Vater und einen von der Mutter.

Wenn ein Mensch seine Mutter oder seinen Vater nicht achten kann, lehnt er folgerichtig einen Teil seiner selbst ab. Der vietnamesische Zenmeister Thich Nhat Hanh meint dazu ganz lapidar: „Du *bist* deine Eltern. Deshalb ist es sinnlos, auf deinen Vater oder deine Mutter wütend zu sein.“[12] Wenn eine Frau ihre Mutter ablehnt, hat sie Schwierigkeiten mit ihrem Selbstverständnis als Frau, ist es der Vater, gibt es Probleme mit männlichen Partnern. Wenn ein Mann seinen Vater ablehnt, gibt es entweder Schwierigkeiten mit seinem Selbstverständnis als Mann, oder er muß zwanghaft allen Männern beweisen, daß er der Bessere, der Stärkere, der Klügere ist. Lehnt er seine Mutter ab, wird er in jeder Frau die Fehler seiner Mutter sehen und bekämpfen. Da sich die unterbrochene Hinbewegung zu Vater und Mutter so wesentlich auf den Selbstwert und die späteren Partnerschaften auswirkt, ist sie ein wesentlicher Teil der Aufstellung.

Wir bitten den Klienten, die Mutter aus der Kinderposition so anzuschauen, wie er es als Kind getan hat. Hier steht das archetypische Bild der Mutter vor ihm und schaut ihn liebevoll an. Dann sagt er: „Liebe Mama“, und wir bitten ihn, diese Worte ganz tief nachzuempfinden. Plötzlich beginnt die Liebe beim Kind wieder zu fließen, und sie wird von der Stellvertreterin erwidert. Häufig liegen sich beide glücklich in den Armen. Jetzt bekommt der Kinderaspekt im Erwachsenen, was ihm gefehlt hat. Wir lassen ihm Zeit, das Defizit mit Liebe aufzufüllen.

Oft haben die Kinder Aufgaben für die Eltern übernommen, und jetzt ist die Gelegenheit, diese symbolisch zurückzugeben. Bert Hellinger schlug mir in einem Gespräch auf der Frankfurter Buchmesse vor, als Symbol für die getragenen Aufgaben einen Rucksack voller Steine übergeben zu lassen. Seitdem haben wir immer einen mindestens 5 kg schweren Stein aus unserem Garten im Kofferraum unseres Autos. Diesen Stein bekommt der Klient, der jetzt vor seinen Eltern steht, in die Hände. Wir bitten ihn, den Stein mit allem anzufüllen, was er für seine Eltern getan hat. Er nennt die Dinge, die er für sie getragen hat, beim Namen und übergibt den Stein ganz ruhig – aus seiner Mitte heraus – demjenigen, der ihn tragen muß. Dazu sagt er: „Ich gebe es dir zurück. Es ist nicht meins!“ Dann bitten wir den Klienten, nachzuspüren, wie er sich fühlt. Hat er wirklich alles zurückgegeben oder fehlt noch etwas? Sein Körper gibt ihm genaue Auskunft, denn der Körper lügt nicht.

Bei diesem Schritt legen wir großen Wert darauf, daß der Klient gesammelt ist. Wirklich wichtige Entscheidungen kann man nicht treffen, wenn man von seinen Emotionen überwältigt wird. Wenn diese Sammlung beim ersten Mal noch nicht gelingt, lassen wir die Übergabe wiederholen. Der Klient spürt selbst den Unterschied. Häufig sind die Stellvertreter der Eltern froh, die Verantwortung für ihr Schicksal selbst tragen zu dürfen. Sie sagen dann häufig von sich aus: „Es gibt mir meine Würde zurück“ oder „Es gibt mir Gewicht.“ Für den Kinderaspekt ist dies eine wichtige Rückmeldung, glauben Kinder doch oft, die Eltern liebten sie nur deshalb, weil sie ihnen bestimmte Aufgaben abnehmen.

Zuweilen glaubt der Kinderaspekt, Vater oder Mutter müßten sterben, wenn er die Last nicht weitertrüge. Wir nennen dies etwas respektlos den „typisch kindlichen Allmachtswahn“, denn nur kleine Kinder leben in dem Glauben, daß sie durch ihr Verhalten über Leben und Tod bestimmen. Diese freche Formulierung hat ihr Ziel noch nie verfehlt: Sie durchbricht das Gefühlsdrama, in dem sich der Kinderaspekt des Klienten befindet, und gleichzeitig begreift der erwachsene Aspekt die verborgene Regel des Kinderaspekts: „Mama stirbt, wenn ich dies nicht für sie tue“. Er erkennt, daß dies seinem Kontext als Erwachsener nicht mehr entspricht und hebt die Regel auf. Jetzt gelingt es ihm, die Last, die der Stein symbolisiert, gesammelt zurückzugeben.

Beim Arbeiten im Lösungsbild nehmen wir das Double des Klienten aus der Aufstellung und lassen ihn seinen Platz selbst einnehmen. Wir erarbeiten die emotionale Lösung mit ihm zusammen. Mit Widerständen haben wir dabei kaum zu rechnen, da wir durch den Auftrag, den uns der Klient gegeben hat, ein gemeinsames, klar umrissenes Ziel vor Augen haben. Wir begleiten den Klienten schrittweise durch den Prozeß mit allen Emotionen, die dabei aufgerührt werden. Das Aufbrechen von Emotionen ist jedoch nicht unser Ziel. Wenn wir merken, daß Gefühle zum Drama werden, unterbrechen wir, denn Dramen helfen nicht weiter.

Bei uns ist es auch erlaubt, sich negativ über die Eltern zu äußern. Oft kommen Menschen mit Symptomen, und wir wissen, daß sich dahinter Gefühle verbergen, die nicht sein dürfen. Wenn sich solch ein verbotenes Gefühl als „Wut gegen die Eltern“ äußert, heißen wir es als Schritt in die richtige Richtung willkommen. Dieses Gefühl darf sein, wenn wir auch wissen, daß dahinter ganz andere Gefühle warten. Und wenn ein Klient in einer Aufstellung „nur“ bis zu diesen Gefühlen vordringt und dadurch sein Symptom verliert, sind wir zufrieden. Wir vertrauen dem Klienten, daß er selbst den richtigen Zeitpunkt findet, mit der Arbeit fortzufahren.

Wir beziehen uns bei den oben beschriebenen Lösungen auf folgende systemische oder biologische Ordnungen:

1. Wenn Kinder auf dem Eltern- oder Partnerplatz stehen, kommt das Gesetz „*Systeme sind hierarchisch geordnet*" zur Anwendung. Wir stellen die Hierarchie zwischen dem Kinder- und dem Elternsystem wieder her.
2. Die Notwendigkeit, Vater und Mutter zu achten, beziehen wir aus der Tatsache, daß jeder Mensch aus je einem Chromosom seines Vaters und seiner Mutter besteht. Niemand kann einen Teil seiner selbst ablehnen, ohne sich zu schaden!
3. Wenn ein Kind die Verantwortung oder das Leid seiner Eltern übernimmt, beruht dieses Tun auf einem magischen kindlichen Weltbild, in dem es möglich scheint, ein Gefühl für einen anderen dadurch zu tragen, indem man es selbst fühlt. Dieses dem Klienten unbewußte Verhalten entspricht seinem Kontext als Erwachsener nicht mehr.

Fallbericht

Ich bin 1968 geboren und seit einem Jahr verheiratet. Mein Mann und ich haben zwei Kinder von zwei und drei Jahren. Meine Herkunftsfamilie ist in den Alpen zu Hause und besteht aus meinen Eltern, drei Schwestern und einem Bruder. Ich bin die Zweitgeborene.

Wir Kinder wurden sehr streng erzogen, und als Kind wünschte ich mir oft, mein Vater wäre nicht da. Er war ein sehr mächtiger Mann in unserer Familie, und wir Kinder und auch meine Mutter hatten oft Angst vor ihm. Mein Vater war sehr wenig zu Hause. Er war in vielen Vereinen, ging im Sommer in die Berge und im Winter zum Skifahren. Ich war froh, denn wenn er zu Hause war, gab es meist Ärger, Verbote und

Schläge. Meine Mutter war immer daheim. Sie vermietete Zimmer an deutsche Touristen, damit wir finanziell besser über die Runden kamen. Wir mußten viel helfen, und meine Mutter hatte wenig Zeit für uns.
Es gab aber auch Momente, wo ich es genoß, mit meinem Vater zusammen zu sein, zum Beispiel wenn wir in den Wald gingen und Holz sammelten oder Pilze suchten. Einmal nahm er mich mit in die Berge zum Sammeln von Mineralien. Da war ich sehr stolz. Über Sorgen, Ängste, Probleme und Nöte wurde bei uns fast gar nicht gesprochen. Das kam erst, als wir Kinder langsam erwachsen wurden.
Mit achtzehn zog ich von zu Hause aus. Von da an ging es mir besser. Ich besuchte meine Eltern und Geschwister oft, doch wollte ich nicht mehr dort wohnen. Wenn ich meine Eltern besuchte, war es mir lieber, wenn mein Vater nicht zu Hause war. Es gab Zeiten, da verließ ich den Raum, wenn er eintrat. Allein die Vorstellung, minimalsten Körperkontakt mit ihm zu haben, ekelte mich. So begrüßte ich ihn immer nur mit einem sehr schnellen, kurzen Händedruck. Ich hätte mir nie vorstellen können, ihn zu umarmen.
Ich meldete mich zu meiner ersten Aufstellung an, weil mein Mann und ich bei meinen Eltern heiraten wollten. Doch der Gedanke, daß mein Vater mit uns feiern würde, trübte meine Freude beträchtlich. Ich wollte das mir Mögliche tun, um meine Beziehung zu ihm zu klären.
In der Aufstellung stellte ich mein Double genau zwischen meine Mutter und meinen Vater. Mir wurde klar, daß ich versucht hatte, meine Mutter vor meinem Vater zu schützen, weil er für mich ganz klar der Böse war. Ich hatte versucht, die Ehe meiner Eltern zu regeln. Die Therapeuten ließen mich die Verantwortung für die Beziehung meiner Eltern, symbolisiert durch einen Stein, zurückgeben. Die Stellvertreter meiner Eltern dankten mir für das, was ich für sie getragen hatte, und

versicherten mir, sie täten es lieber selbst. Endlich konnte ich Kind sein und schaute glücklich in ihre Augen. Ich drehte mich mit dem Rücken zu meinen Eltern und spürte ihre stützenden Hände. Ich genoß das Gefühl von Sicherheit und Geborgenheit.

Nach dieser Aufstellung fühlte ich mich erleichtert und froh, als sei eine schwere Last von mir genommen. Ich merkte, daß ich ganz anders an und über meinen Vater denken konnte. Ich wußte jetzt, daß er das gegeben hatte, was er konnte, und daß auch er glücklich sein wollte.

Zwei Monate später fuhren mein Mann und ich zu unserer Hochzeit. Es war das erstemal, daß ich keine Angst vor der Begegnung mit meinem Vater hatte. Ich freute mich auf ihn und konnte ihn sogar umarmen. Mein Vater blieb ganz still stehen, doch ich sah an seinen Augen, daß er sich darüber freute. Mein Mann und ich feierten eine wunderschöne Hochzeit im Kreise unserer Familien, und meine Familie sorgte dafür, daß es märchenhaft schön wurde. Langsam lerne ich zu schätzen und zu würdigen, was meine Eltern für mich getan haben. Meine Beziehung zu meinem Vater wird immer besser.

Da mir die erste Aufstellung so gut getan hatte, meldete ich mich wenig später zu einem zweiten Seminar an, um die Beziehung zu meinen Geschwistern zu klären. Ich fühlte sehr viel Liebe für sie, doch ich konnte sie einfach nicht erreichen. In dieser Aufstellung stellte ich mein Double wieder in eine zentrale Stellung. Die Stellvertreter meiner Geschwister waren wütend auf mich, weil ich nicht bei ihnen stand. Ob ich mir einbildete, etwas Besonderes zu sein? Mir wurde klar, daß ich immer noch versuchte, für meine Eltern, denen ich das wohl unbewußt nicht zutraute, das Familienleben zu regeln. Damit hatte ich mich über meine Geschwister gestellt. Als ich mich auf meinen Platz als Zweitgeborene stellte, fühlte ich mich sehr wohl. Meine

Geschwister drückten ihre Zuneigung aus, und ich war glücklich, so viele Geschwister zu haben.
Obwohl es mir mit meinem Vater so viel besser ging, blieb meine Angst vor Männern bestehen. Ich wollte diesem Thema in einer dritten Aufstellung nachgehen. Wie schon gesagt, führte meine Mutter in unserem Haus eine kleine Frühstückspension. Das Haus war in der Saison immer voll. Die Feriengäste spielten in unserem Alltagsleben eine große Rolle. Sie durften alles, denn wir brauchten das Geld dringend, das sie uns zahlten. Deshalb wagte ich nicht, meinen Eltern davon zu erzählen, wenn mich ein Gast terrorisiert oder angefaßt hatte. Ich fühlte mich vollkommen allein.
In der Aufstellung stellte ich mein Double zwischen den männlichen und den weiblichen Feriengast. Meine Eltern schauten beide weg. Was ich nicht auszusprechen wagte, tat der Stellvertreter des männlichen Feriengastes. Er vereinnahmte mich völlig, und die Stellvertreterin seiner Frau war zufrieden, daß er sie nicht mit Ansprüchen belästigte. Viel Schmerz stieg in mir auf.
Bei der Auflösung stellte sich mein Vater zwischen mich und die Feriengäste, und meine Mutter hielt mich im Arm. Meine Eltern übernahmen die Verantwortung für ihr Wegschauen und sagten mir, daß es ihnen leid tue. Ich erkannte, daß ich geschwiegen hatte, um unsere finanzielle Versorgung nicht zu gefährden. Diese Verantwortung gab ich meinen Eltern zurück. Mein Vater sagte: „Meine Tochter ist mir heilig. Lieber verliere ich Haus und Hof, als daß ich sie verkaufe!“ Eine große Last fiel von mir. Ich spürte Liebe zu meinem Vater und fühlte, daß auch er mich liebte. Ich sah die Not meiner Eltern und erkannte, wie schwer es für sie gewesen war, nicht einzugreifen. Ich empfand immer mehr Achtung für alles, was sie für mich getan hatten.

Ich hatte zuweilen Spannungen mit meinem Mann, und da er vor mir in unserem Haus eine lange Beziehung zu einer anderen Frau gehabt hatte, klärte ich in einer vierten Aufstellung meine Position als seine zweite Frau. Es kam zu einer schönen Auflösung, bei der sich mein Mann und das Double seiner ehemaligen Freundin gegenseitig ihren Respekt versicherten. Sie sagte uns: „Ich schaue gut auf deine Familie."

All diese Seminare waren wichtige und notwendige Vorbereitungen für die letzte Aufstellung, in der mir ein für mich entscheidender Durchbruch bei meinem Angstthema „Männer" gelang. Männer waren für mich immer gefühlskalt. Es schien sie nicht zu interessieren, was Frauen – ich – dachten und fühlten. Es ging ihnen nur um ihren Eigennutz, um Sex. Mein Mann war da natürlich die große Ausnahme, und ich wurde richtig wütend, wenn er behauptete, ich stecke ihn in einen Topf mit den Vergewaltigern. Bis es mir bei einem Telefongespräch mit einer lieben Freundin wie Schuppen von den Augen fiel: Alle Männer waren schlecht! Es war tatsächlich so, und ich wurde unglaublich wütend, wenn jemand etwas anderes zu behaupten wagte. Ich wollte nichts anderes hören, als daß es letztendlich wahr ist: Alle Männer sind Schweine!

Diese Einstellung den Männern gegenüber beeinflußte natürlich mein ganzes Sein. Ich hatte große Probleme mit der Sexualität und viel Angst im täglichen Leben. Die Angst, alleine durch die dunkle Nacht zu gehen, verfolgt mich, seit ich denken kann. Ich verstand nie, warum ich mich so fürchtete. Ich konnte mich nicht erinnern, daß mir jemals etwas zugestoßen war. Im Gespräch mit den Therapeuten ging es bis jetzt hauptsächlich um meinen Vater und meine negativen Erfahrungen mit Männern. Nebenbei erzählte ich, daß meine Mutter als Kind mißbraucht worden war. Jetzt wurden die Therapeuten hellhörig. Ich berichtete, daß

die Mutter uns Mädchen eingebleut hatte, uns vor Männern ja in acht zu nehmen, um uns vor einer ähnlichen Erfahrung zu schützen. Meine Mutter folgte meinem Vater immer, wenn er zu uns Mädchen in die Zimmer ging. Sie wollte sicherstellen, daß er sich nicht an uns vergriff. Sexualität war völlig tabu, etwas Ekelhaftes und Verbotenes.
Die Therapeuten baten mich, vier Doubles aufzustellen: meine Mutter, meinen Vater, mich und den bösen Mann. Ich stellte es folgendermaßen auf:

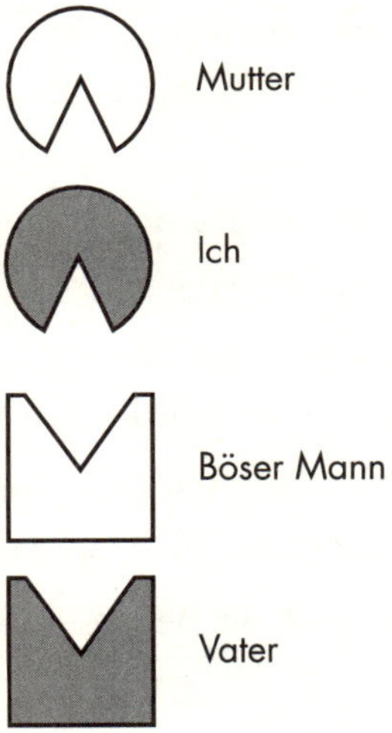

Ich verstand überhaupt nichts. Ich konnte weder Vater noch Mutter sehen. Der „böse Mann" hielt mich völlig gefangen. Wie hypnotisiert stand ich vor ihm. Als die Therapeuten mich baten, aus dem Bild herauszutreten und es von außen zu betrachten, brach ich in Tränen aus. Ich wußte plötzlich, daß meine Mutter sterben würde, wenn ich nicht dort stehenblieb; ich mußte sie vor dem bösen Mann beschützen! Die Bemerkung der Therapeuten vom kindlichen Allmachtswahn brachte mich wieder zu mir. Jetzt wurde mir klar, daß ich versucht hatte, meiner

Mutter die Last der Mißbrauchs abzunehmen. Ich hatte alle Männer durch ihre Brille, eine Brille von Vergewaltigung und Haß, betrachtet, auch meinen Vater und meinen Mann. Mein Herz zerfloß, als ich mich daran erinnerte, wie schlecht ich über meinen Vater gedacht hatte. Es tat mir so leid, daß ich nicht hatte sehen können, wie er wirklich war.
In der Auflösung stellten sich meine Eltern nebeneinander vor mich, und ich war so glücklich darüber, sie lächelnd zusammen zu sehen. Ich hatte das sichere Gefühl, daß sie ihr Leben alleine bewältigen. Meiner Mutter gab ich ihr Schicksal und all den Schmerz zurück, den ich versucht hatte, für sie zu tragen. Wie erleichtert war ich, daß sie es gerne nahm! Mein Vater gab mir einen ganz besonderen Segen. Der „böse Mann" war plötzlich nicht mehr so groß und bedrohlich. Im Gegenteil: Er war freundlich und lächelte. Ich spürte, wie ein Teil meiner Seele, der bei ihm gefangen war, wieder zu mir zurückkehrte. Der „böse Mann" verwandelte sich für mich in einen weisen Beschützer, der immer für mich da ist und mich unterstützt. Ich spürte eine Kraft in mir, die mich hochspringen ließ. Es waren Momente der Glückseligkeit.
Immer wieder greife ich zurück auf die Kraft des Beschützers und bitte ihn um seine Unterstützung. Mein Leben hat sich seit dieser Aufstellung sehr verändert. Ich finde immer mehr Gefallen an der Sexualität und an meinem Körper. Neue Wege und Freuden stehen mir offen. Meinem Mann möchte ich von ganzem Herzen danken. Danke für deine Liebe, dein Verständnis, deine Geduld und dafür, daß du im richtigen Augenblick explodiert bist.

Kapitel 7

Die Ausgeschlossenen

„Die morphogenetischen Felder aller vergangenen Systeme werden für jedes folgende System *gegenwärtig*, die Strukturen vergangener Systeme wirken auf folgende ähnliche Systeme durch einen sich verstärkenden Einfluß, der über Raum *und* Zeit hinaus wirksam ist.“[13]

Rupert Sheldrake

Ein Klient kam zum Familienstellen, weil er nie das erreichte, was er sich vornahm. Nichts stellte ihn zufrieden. Er vermutete die Lösung in einem verborgenen Verhaltensmuster aus seiner Herkunftsfamilie. Als wir das Genogramm aufschrieben und nach der Anzahl der Kinder fragten, erwähnte er zwei Geschwister. Vorsichtshalber fragten wir trotzdem nach, ob Geschwister jung verstorben seien. Erst jetzt fiel ihm ein, daß es ein Kind vor ihm gegeben hatte, einen Bruder, der kurz nach der Geburt gestorben war. Er stellte die Familie auf und gab dem Double seines verstorbenen Bruders den Platz hinter dem Stellvertreter für sich selbst. Die beiden fühlten sich unwiderstehlich zueinander hingezogen. Das Double des Klienten wünschte sich den Platz neben dem Verstorbenen. Plötzlich wurde dem Klienten klar, daß er seinen Eltern dieses Kind zu ersetzen versuchte. Er strebte mit all seinen Kräften danach, der Erstgeborene, der „Erste“ zu sein, ein Ziel, das er nie erreichen konnte. Als er begriff, daß er „nur“ der Zweite war, rebellierte er zuerst, doch auf dem Platz des Zweitgeborenen neben seinem Bruder entspannte er sich. Glücklich erkannte er, daß seine Unzufriedenheit damit zusammenhing, daß er in seiner

Familie nicht den richtigen Platz gehabt hatte. Wochen später rief er uns an und sagte uns, daß das Problem nicht mehr existiere.
Was war hier geschehen? Der Klient hatte unbewußt ein Gesetz befolgt, dessen Auswirkungen relativ häufig in Erscheinung treten:

Ausgeschlossene werden von Nachfolgenden ersetzt.

Was versteht man unter einem Ausschluß? Wenn jemand, der zur Familie gehört, keinen Platz im System erhält, weil er aus bestimmten Gründen bewußt verstoßen wird oder wenn man ihn aus Kummer über einen zu frühen oder unerwarteten Tod nicht mehr erwähnt, sprechen wir von einem Ausschluß. Alle tun so, als hätte dieser Mensch nie existiert. *Wenn so etwas geschieht, wird der Ausgeschlossene zwingend von einem anderen Familienmitglied, häufig einem Kind der folgenden Generation, ersetzt, und zwar unabhängig davon, ob der Ersetzende den Ausgeschlossenen kannte*. Er muß nicht einmal von ihm wissen!
Das klingt, wenn man es zum erstenmal hört, schier unglaublich, fast ein wenig nach Hokuspokus. Daß das Verstoßen von Menschen, die einmal zur eigenen Herkunftsfamilie gehörten – wie etwa ungeliebte Geschwister oder der geschiedene Ehemann – auf die einzelnen Mitglieder wirkt, kann man sich noch vorstellen. Immerhin hat derjenige einmal dazugehört, der Kontakt bestand und wirkt in der Erinnerung weiter. Doch warum ein Kind ein vor ihm verstorbenes Geschwisterchen, von dem es nichts weiß, vertritt und warum ein Enkel den Platz eines unbekannten Großvaters einnimmt, blieb mir lange ein Rätsel. Obwohl die Gesetze der Allgemeinen Systemtheorie fast alle Ordnungen beim Familienstellen schlüssig erklären, fanden wir für dieses Phänomen keine Erklärung. Es reichte uns nicht aus, die bloße Existenz eines Phänomens als Rechtfertigung für sein Auftreten zu werten, und so forschten wir weiter.

Die morphogenetischen Felder

Nachdem sich die älteren Quellentexte in bezug auf dieses Thema als wenig ergiebig erwiesen hatten, stießen wir auf ein Anfang der achtziger Jahre erschienenes Buch „Das schöpferische Universum" des britischen Biochemikers Rupert Sheldrake, in dem er seine Theorie der morphogenetischen Felder erklärt, und zu unserer großen Freude fanden wir darin die Antwort auf unsere Frage. Natürlich möchten wir Sie daran teilhaben lassen, und so nehmen wir Sie also noch einmal mit auf einen Ausflug in die Theorie. Wir beschränken uns dabei nur auf den Teil, der auf das Familienstellen angewendet werden kann.

Die Wissenschaft von der Morphogenese oder „Gestaltbildung" gehört zum Fachbereich Biologie und befaßt sich mit der Entwicklung eines Organismus aus der befruchteten Samenzelle zum ausgereiften tierischen oder pflanzlichen Lebewesen. Es geht dabei um folgende Frage: Warum wird aus einer Eichel eine Eiche und keine Buche, warum aus einem befruchteten Hühnerei ein Huhn und kein anderer Vogel?

Die Biologen erklären die Morphogenese im allgemeinen damit, daß das befruchtete Hühnerei ein genetisches Programm enthält, welches das Endziel „Huhn" in der DNS der Zellen gespeichert hat. Das klingt für uns Laien plausibel, denn was wissen schon wir über den komplizierten Aufbau der DNS und ihre Wirkung auf das große Ganze? Der Wissenschaftler Sheldrake behauptet jedoch, daß damit wenig erklärt sei, denn alle Zellen des Hühnereis verfügten über dieselbe DNS-Information. Warum bilden sich aus Zellen, die gleich programmiert sind, unterschiedliche Organe, Blutgefäße oder gar Federn, um den komplizierten Organismus „Huhn" zu erschaffen?

Vollends versagt diese Erklärung, wenn das angeborene Verhalten in die Betrachtung miteinbezogen wird. Daß Säugetiere von ihren Eltern lernen, ist bekannt, doch woher wissen Spinnen, daß sie Netze weben müssen? Sheldrake stellt fest, daß es bis jetzt noch nicht gelungen sei, die Spezialisierung der Zellen und die angeborenen Verhaltensstrukturen durch das DNS-Modell zu erklären. Er sagt: „Die gültigen Theorien der Physik können durchaus außerstande sein, die Einzigartigkeit der Strukturen komplexer Moleküle und Kristalle zu erklären… Es fehlt jeder Hinweis, daß ihnen eine Begründung gelingen könnte, warum aus der Zahl der möglichen Strukturen gerade diese eine und nicht etwa jene gewählt wurde.“[14]

Da die herkömmlichen Modelle das Phänomen seiner Meinung nach nicht erklärten, formulierte er eine eigene Hypothese: die Theorie der morphogenetischen, der gestaltbildenden Felder. Damit Sie verstehen, was damit gemeint ist, müssen wir den Begriff „Feld“ erklären. Mit „Feld“ bezeichnet man, vereinfacht ausgedrückt, einen Raum, in dem ganz bestimmte, physikalisch meßbare Bedingungen herrschen. So kennen wir elektromagnetische Felder, Temperaturfelder, Kraftfelder und das Gravitationsfeld. Felder entziehen sich der direkten Beobachtung, sie sind unsichtbar, unhörbar, wir können sie nicht berühren, nicht riechen und nicht schmecken, und trotzdem besitzen sie die Fähigkeit, materielle Veränderungen hervorzurufen, ohne mit der veränderten Materie eine sichtbare physikalische Verbindung eingegangen zu sein. Nur durch ihre Wirkung auf die Materie nehmen wir die Existenz von Feldern wahr.

Sheldrake stellte sich folgende Frage: Angenommen, es existiert ein bisher unbekanntes, weil mit heutigen Methoden nicht meßbares Feld, ein *morphogenetisches, gestaltbildendes Feld* als Ursache für die Bildung von äußerer Form und innerer Struktur. Obwohl es selbst keine meßbare Energie enthält, kann es durch seine meßbaren Auswirkungen auf die Materie nachgewiesen werden. Die morphogenetischen Felder umgeben lebendige Systeme. In ihnen sind die Baupläne für Organismen abgebildet, ganz gleich ob es sich um Pflanzen, Tiere oder Menschen handelt. Jede Zelle hat ihr eigenes morphogenetisches Feld, und damit aus diesen einzelnen Bestandteilen ein Organismus werden kann, ordnen sie sich, wie alle lebendigen Systeme, einer Hierarchie unter. An der Spitze der Pyramide steht die „morphische Einheit", welche die einzelnen Teile zum großen Ganzen koordiniert. Wenn wir bei unserem Bild des Bauplans bleiben, wäre die morphische Einheit der Gesamtplan des Systems. Auf Grund dieses Gesamtplans wissen die Bauarbeiter, wohin sie das Bad und wohin sie die Küche bauen müssen. Die Pläne für die einzelnen Zimmer, die Leitungssysteme, Installationen usw. entsprechen den morphogenetischen Feldern.

In der morphischen Einheit ist die endgültige Form von Anfang an festgelegt. Das Ganze existiert vor seiner Ausdifferenzierung als Ganzes. (*Das Ganze ist mehr als die Summe seiner Teile.*) Rein physisch erkennt man das daran, daß sich ein System auch bei Beschädigung oder Zerstörung einzelner Zellen so weiterentwickelt, daß eine mehr oder weniger normale Form entsteht. Beschädigte Strukturen werden sogar ersetzt. Wenn einzelne Teile fehlen, strebt das System danach, die ursprüngliche Form trotzdem zu verwirklichen.

Dies hat nahezu jeder, der einen Garten hat, selbst experimentell bewiesen. Wenn Sie mit dem Spaten in die Erde stechen, geschieht es schon einmal, daß Sie einen Regenwurm zerteilen. Vielleicht haben Sie sich beim erstenmal gewundert, daß beide Teile des Wurms lebensfähig bleiben. Sie regenerieren sich im Laufe der Zeit vollständig. Auch bei höher entwickelten Tieren ist bekannt, daß sie zum Teil über erstaunliche Regenerationsfähigkeiten verfügen. Die morphische Einheit liefert dazu die nötigen Informationen.

Doch warum wirkt die morphische Einheit des ersten Hühnereis über Raum und Zeit hinweg auch heute noch? Um dies zu erklären, benutzt Sheldrake die Analogie der Resonanz. Was ist damit gemeint? Stellen Sie sich eine einzelne Klaviersaite vor, die so auf ein Holzbrett aufgespannt ist, daß sie frei schwingen kann. Wenn Sie mit einem anderen Instrument oder mit Ihrer Stimme genau den Ton treffen, den die Saite wiedergäbe, würden Sie sie zupfen, dann beginnt sie von selbst zu klingen. Sie kommt mit der ihr eigenen Schwingung in Resonanz. Der Empfänger in unserem Radio gerät mit den vom Radiosender abgestrahlten Frequenzen in Resonanz, und deshalb empfangen wir verschiedene Programme.

Genauso sind morphogenetische Felder mit den ihnen zugehörigen Systemen durch Resonanz verbunden, durch morphische Resonanz. Auf Grund dieser Resonanz ziehen sich System und Feld an, und das Feld wirkt auf das System und gibt ihm seine spezifische Form. Das System drückt die morphische Einheit aus, und weil das System lebt und sich entwickelt, prägt es seinerseits sein Feld und gestaltet es.

Die genetische Information und das morphogenetische Feld sind also durch die morphische Resonanz miteinander verbunden. Die morphische Resonanz wirkt jedoch nicht nur auf das ihr am nächsten stehende System ein, sondern auch auf alle folgenden. Anders ausgedrückt wird das System nicht nur von einem, sondern von *allen* vergangenen gestaltbildenden Feldern ähnlicher Form beeinflußt. Der Einfluß des ersten Feldes ist auch im letzten noch enthalten, doch je mehr Felder zusammenwirken, um so mehr nimmt er ab, denn das jüngste Feld wirkt am stärksten.

Versuchen wir jetzt, die von Sheldrake entwickelten Hypothesen auf das lebendige System Familie anzuwenden. Die Gesetze sind wieder kursiv geschrieben.

Eine morphische Einheit beinhaltet den Bauplan für die äußere Form und die innere Struktur eines lebendigen Systems. Dieses Feld wirkt auf das System, und das System wirkt zurück auf das Feld.

Unter einer morphischen Einheit verstehen wir die Instanz, die alle morphogenetischen Felder eines lebendigen Systems koordiniert. In der morphischen Einheit einer Familie sind demzufolge alle Bestandteile des Systems, sprich, alle Familienmitglieder gespeichert, auch die früh Gestorbenen und Ausgeschlossenen. Da das System auf seine morphische Einheit zurückwirkt, wird jeder, der neu dazukommt, in diesem Feld registriert.

Durch morphische Resonanz überträgt sich die morphische Einheit auf Systeme gleicher Art, und zwar in dem Sinne, daß alle ehemaligen Felder auf das gegenwärtige einwirken. Die zeitlich am nächsten liegenden Felder üben den stärksten Einfluß aus, die weiter zurückliegenden schwächen sich ab.

Für die Familie bedeutet dies, daß durch die morphische Einheit jedes Mitglied das innere Bild der vollständigen Familie unbewußt in sich trägt. Das Elternsystem wirkt am stärksten auf die Kinder, das Großelternsystem ist schon etwas schwächer, und das Urgroßelternsystem verliert weiter an Einfluß. Damit erklärt sich, warum die Ahnen auf die gegenwärtige Familie einwirken und warum man die Familie nicht einfach hinter sich lassen kann.
Die morphische Einheit erklärt auch, warum Menschen, die als Stellvertreter für ein Familienmitglied aufgestellt werden, sich so genau in die Familiensituation einfühlen können. Dadurch, daß der Klient sie in sein inneres Bild stellt, erhalten die Doubles Zugang zur morphischen Ein-

heit seiner Familie, und weil der Klient gleichzeitig in der Außenwelt und im morphogenetischen Feld arbeitet, wirkt seine positive Lösung gleichzeitig auf all seine Familienmitglieder.

Wenn ein Teil des Systems entfernt wird, zeigt sich die Neigung zur erneuten Verwirklichung der Endform.

Hier folgt endlich die Antwort auf die Frage, warum Ausgeschlossene ersetzt werden. Da sie sich ins morphogenetische Feld der Familie eingeprägt haben, neigt das System unbewußt dazu, die ursprüngliche Form wiederherzustellen. Die Lücke im Bild wirkt in der Familie wie der Phantomschmerz, den Menschen in amputierten, nicht mehr vorhandenen Gliedmaßen spüren. So übernimmt ein Mitglied der Familie die Rolle des Ausgeschlossenen, damit das innere Bild wieder stimmt. Das bleibt für den Stellvertreter natürlich nicht ohne Folgen, und damit wollen wir uns des weiteren beschäftigen.

Ausgeschlossene werden ersetzt

Wenn wir vor der Aufstellung das Genogramm eines Klienten notieren, fragen wir ausdrücklich nach früh verstorbenen oder ausgeschlossenen Familienmitgliedern. Immer wieder berichten uns Teilnehmer, daß sie erst bei der Vorbereitung auf das Seminar von einem früh verstorbenen Kind oder von einem im Krieg gefallenen Lieblingsbruder der Mutter erfahren hätten. Der Verlust war so schmerzhaft für die Familie, daß der Tote nicht mehr erwähnt wurde. Wurde ein Familienmitglied aus anderen Gründen verstoßen, fragen wir sehr genau nach der Ursache. Wie in Kapitel vier im Abschnitt „Schuld oder Verstrickung" bereits ausgeführt, gibt es nur wenige Gründe, die einen Ausschluß aus dem System wirklich rechtfertigen.

Besonders stark wirkt der Tod eines älteren Geschwisters auf das danach geborene Kind. Häufig wird ihm, wenn es gleichen Geschlechts ist, derselbe Name gegeben. Das zweite Kind ersetzt der Mutter das verstorbene und tröstet sie in ihrem Kummer. Das Kind spielt von Anfang an eine Doppelrolle: Es versucht gleichzeitig, sein eigenes Leben zu leben und den Verstorbenen zu ersetzen. Doch da niemand zwei Leben gleichzeitig leben kann, wird dieser Mensch früher oder später Schwierigkeiten haben. Oft sagen solche Menschen schon bei der Vorstellung, daß sie sich auf der Erde nicht wirklich zu Hause fühlen. Häufig erklären sie dieses Fremdheitsgefühl spirituell; sie seien eben nicht von dieser Welt. Doch Spiritualität ist unserer Meinung nach kein Hindernis für ein erfülltes, glückliches Leben auf der Erde. Wenn man aber mit einem Toten identifiziert ist, kann man das Leben nicht wirklich leben, geschweige denn genießen, und so forschen wir, wenn wir so etwas hören, nach Ausgeschlossenen. Bis jetzt sind wir noch immer fündig geworden!

Doch es werden nicht nur Geschwister ersetzt. Alle, die zur Familie gehörten und aus den unterschiedlichsten Gründen nicht mehr erwähnt werden, prägen sich ins morphogenetische Feld und werden ersetzt. Zuweilen ist es ein im Zweiten Weltkrieg gefallener, heiß geliebter Verlobter der Mutter, den ein Sohn ersetzt. Solch ein Mann ist nicht frei für seine Frau, und oft gibt es Probleme in der Partnerschaft. Nach der Auflösung einer solchen Identifikation geschieht es häufig, daß das Paar ganz neu zueinander findet.

Schwierigkeiten können entstehen, wenn ein Mädchen einen verstorbenen Mann ersetzen muß, weil es in der Familie keine Söhne gibt. Wir hatten lesbische Frauen in unseren Kursen, und bei den Aufstellungen kam heraus, daß sie Männer ersetzten. Eine der Frauen fragte entsetzt, ob sie nach der Aufstellung nicht mehr lesbisch sein dürfe. Wir beruhigten sie. Da sie die Identifikation gelöst habe, stehe es ihr jetzt völlig frei, ob sie eine Partnerschaft mit einem Mann oder einer Frau aufnehmen wolle. Wenn ihr Beziehungen zu Frauen mehr gäben, sei dies jetzt auf die Entscheidung ihres freien Willens zurückzuführen und nicht mehr auf die Identifikation mit einem verstorbenen oder ausgestoßenen Mann. Männer, die aus Mangel an Mädchen Frauen ersetzen, berichten von Problemen mit ihrer Männlichkeit. Ein Kursteilnehmer, der, da er keine Schwestern hatte, die früh verstorbene Mutter seines Vaters ersetzte, sagte, er spüre die Männlichkeit in sich, könne sie aber aus ihm unbegreiflichen Gründen nicht ausdrücken.

Auch völlig unbekannte Familienmitglieder werden von Nachfolgenden ersetzt. An einen Fall können wir uns besonders gut erinnern. Es ging um einen Großvater, einen preußischen Offizier adliger Abstammung, der deshalb ausgestoßen wurde, weil er seine Frau mit der gemeinsamen Tochter sitzenließ. Die Enkelin stellte auf, weil ihr jüngster Sohn Schwierigkeiten machte. Der Stellvertreter dieses Jungen fing plötzlich an zu weinen und antwortete auf unsere Frage, daß er sich so sehr zu seinem Urgroßvater hingezogen fühle. Beide lagen sich schluchzend in den Armen. Wir gaben dem Urgroßvater den ihm gebührenden Platz im System zurück und lösten damit die Identifikation des Jungen. Die Mutter sah dem Ganzen sprachlos zu. Dann sagte sie mit bewegter Stimme, jetzt sei ihr klar, warum dieser Sohn schon als Kleinkind für preußische Uniformen schwärmte. Er habe so sehr danach verlangt, daß sie ihm ein ähnliches Kleidungsstück angefertigt habe.

Wie bereits gesagt, gibt es nur wenige, schwerwiegende Gründe, um einen Ausschluß aus dem System zu rechtfertigen. Alle anderen Verfehlungen in einer Familie geschehen deshalb, weil die einzelnen verstrickt sind: in ihre Ursprungsfamilien oder aber in die Zeitgeschichte. Gerade das Dritte Reich griff mit seinem mörderischen Krieg brutal in das Leben der Menschen ein. Viele Verstrickungen lassen sich in Deutschland und Österreich auf den Krieg zurückführen. Verbrechen müssen gesühnt werden, doch über Verstrickungen urteilen wir nicht. Es steht uns nicht zu.

Oft sind Klienten zuerst nicht bereit, ein aus einem bestimmten Grund ausgeschlossenes Familienmitglied wieder zu integrieren. Der Großvater hatte die Großmutter ja tatsächlich mit allen vier Kindern sitzengelassen! Die Gründe für diese Trennung liegen jedoch auf der Paarebene, und die geht Enkel nun wirklich nichts an. Außerdem bedeutet die Reintegration dieses Menschen nicht, daß seine Taten von jetzt an gutgeheißen werden. Er muß für das, was er getan hat, die volle Verantwortung tragen. In der Aufstellung wird er als derjenige geachtet, der Mutter oder Vater das Leben gab. Dafür verdient er die volle Achtung seiner Nachfahren und einen Platz in der Familie.

Doch woher wissen wir, besonders bei mehreren Geschwistern, welches Kind den Ausgeschlossenen ersetzt? Das erkennen wir meist schon am Aufstellungsbild. Häufig stellen Klienten den Ausgeschlossenen entweder hinter seinen Stellvertreter oder in eine gerade Linie mit ihm. Manchmal plazieren sie noch eine Person dazwischen, doch wenn diese einen Schritt heraustritt, erkennt man ganz klar die Gerade. Es hat uns oft erstaunt, wie genau die Klienten diese Linie aufstellen. Manche korrigieren die Aufstellung so lange, bis die Linie ganz genau stimmt. Keiner dieser Klienten weiß, daß er einen Ausgeschlossenen ersetzt, und natürlich kennt niemand die Linie, durch die dieses Phänomen häufig räumlich dargestellt wird.

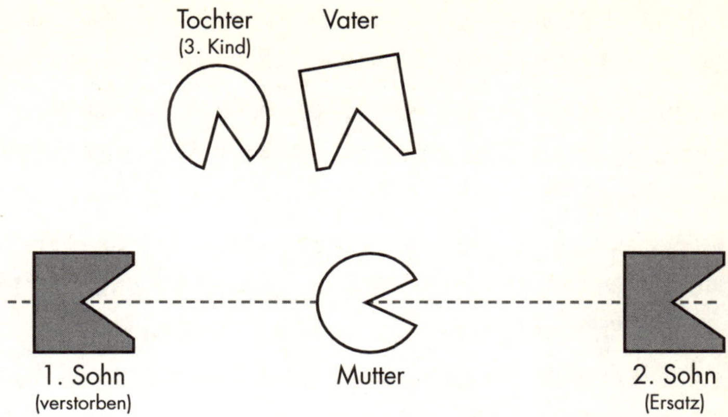

Dann bestätigen die Doubles die Anziehung. Immer wieder geschieht es, daß sich der Stellvertreter eines Kindes – im Diagramm etwa der 2. Sohn – ganz deutlich zum Stellvertreter eines ausgeschlossenen Familienmitglieds hingezogen fühlt. Diese Anziehung beruht auf Gegenseitigkeit. Wenn wir den Stellvertreter für das ersetzende Kind fragen, welche Position er einnehmen würde, wenn er sie selbst wählen könnte, stellt er sich neben den Ausgeschlossenen. Er identifiziert sich mit ihm. Wird die Identifikation mit dem Ausgeschlossenen aufgehoben und dieser damit wieder ins System eingegliedert, verschwinden die dadurch entstandenen Schwierigkeiten bei demjenigen, der ihn ersetzte, meist wie von selbst. Wir lösen die Identifikation in der Aufstellung so auf: Der Stellvertreter desjenigen, der dem Ausgeschlossenen am nächsten stand, stellt diesen dem Klienten vor, indem er zum Beispiel sagt: „Lieber Sohn, darf ich dir meine Mutter vorstellen. Sie ist gestorben, als ich noch ein Baby war." Der Sohn schaut die Stellvertreterin seiner Großmutter an und sagt zu ihr: „Liebe Großmutter, ich achte dein Schicksal." Mit diesem Satz stellt er das Schicksal der Verstorbenen und damit ihre Existenz aus sich heraus. Er hat damit ein Gegenüber, und die Identifikation löst sich. Die Verstorbene antwortete: „Da, wo ich jetzt bin, schaue ich gut auf dich." Wir empfehlen, zusätzlich ein Foto des Ausgeschlossenen aufzuhängen. Wer einen eigenen Garten hat, kann im Andenken an diesen Menschen einen schönen Stein plazieren oder eine Pflanze setzen.

Wichtig ist für die Klienten oft die Bestätigung, daß die Liebe durch die Auflösung der Identifikation nicht verschwindet. Wirkliche Liebe läßt sich nicht auflösen! Wir lösen nur das auf, was krank macht, obwohl es sich in die Form der Liebe kleiden mag, und stellen damit die Ordnung wieder her. Bert Hellinger formuliert das folgendermaßen: „Die Liebe ist ein Teil der Ordnung. Die Ordnung geht der Liebe voraus. Die Ordnung ist vorgegeben, und die Liebe kann sich nur im Rahmen der Ordnung entwickeln."[15] Erst nach Auflösung der Identifikation und Wiederherstellung der Ordnung kann wirkliche Liebe fließen. Der Unterschied ist deutlich fühlbar: Liebe durch Identifikation erzeugt Sehnsucht und bindet Kräfte. Bedingungslose Liebe hingegen befreit und stärkt.

Ich folge dir nach!

Wenn ein geliebter Mensch gestorben ist, können die Zurückgebliebenen den Verlust manchmal nicht ertragen. Sie wünschen sich, ebenfalls gestorben zu sein, weil sie glauben, daß sie im Tod dem Verstorbenen nahe sind. Das betrifft besonders häufig Eltern und Kinder, aber auch Geschwister und Partner.

Der Tod eines Kindes ist für die Eltern ein schlimmer Schlag. War das Kind noch klein, ist die Mutter besonders eng mit ihm verbunden und wünscht sich häufig, bewußt oder unbewußt, ihrem Kind in den Tod zu folgen. In der Aufstellung wird das dadurch deutlich, daß sie hinter dem Kind hergehen will, wenn wir dessen Stellvertreter aus dem Raum schicken, um den Tod zu symbolisieren. Oft verdrängt in solchen Fällen der Vater des Kindes dessen Tod und die damit verbundene Trauer. Die Frau fühlt sich allein in ihrem Schmerz, und so wird es für sie zu schwer. Sobald beide Eltern das verstorbene Kind im Herzen bei sich tragen, wird die Trauer auch für die Frau tragbar.

In der Aufstellung lassen wir die Eltern nebeneinander stehen. Der Stellvertreter des verstorbenen Kindes setzt sich ihnen zu Füßen. Beide legen ihm eine Hand auf den Kopf und sagen: „Liebes Kind, du hast einen Platz in meinem Herzen.“ Die Liebe zum Kind kann wieder fließen, und die Trauer darf sein. Doch Trauer vergeht! Nur wenn wir etwas tragen, was nicht zu uns gehört, bleibt es bei uns und ist zu schwer. In diesem Augenblick haben die Eltern die Möglichkeit, das Geschenk zu empfangen, das ihnen das Kind mitgebracht hat. Jedes Leben hat einen Sinn, auch wenn es körperlich nur ganz kurz dauert. Sobald wir diesen Sinn begreifen, können wir das Gute vom Kind entgegennehmen. Wie Bert Hellinger in seinen therapeutischen Briefen schreibt: „Wenn jemand stirbt, dann gelingt uns die Trennung in der Regel nur, wenn wir von ihm etwas Gutes übernehmen und behalten.“[16]

Oft werden wir in diesem Zusammenhang nach abgetriebenen Kindern gefragt. Frauen, die abtreiben, tun dies im allgemeinen in großer Not. Oft quälen sie sich mit Schuldgefühlen, und viele hätten unter anderen Lebensumständen das Kind gern bekommen. Wenn eine Frau mit einer solchen Problematik zum Familienstellen kommt, stellen wir das abgetriebene Kind auf, damit sie sich mit ihm auseinandersetzen kann. Auch diese Kinder wollen einen Platz im Herzen ihrer Eltern. Oft versucht die Frau, die Verantwortung für die Empfängnis des Kindes allein zu tragen. Doch zur Zeugung eines Kindes gehören nun mal Mann und Frau, und so sind die Kinder erst wirklich zufrieden, wenn beide zu ihnen stehen und das Geschenk erkennen und nehmen, das die Seele des Kindes mitbringt. Wenn die Frau in der Aufstellung die Hälfte der Verantwortung an den Vater des Kindes abgeben kann, fühlt sie sich sehr erleichtert. Mit ihrem Teil der Verantwortung kann sie leben. Noch einmal: *Nur wenn wir etwas tragen, was nicht zu uns gehört, ist es zu schwer.*

Abtreibungen gehören zur Paarebene. Kinder haben damit meist nichts zu tun. Kein erwachsenes Kind muß die Abtreibungen seiner Mutter bearbeiten. Wir schreiben die Abtreibung aber auf alle Fälle ins Genogramm, denn in seltenen Fällen sind sie eben doch wichtig. Wenn zum Beispiel eine Frau zur Abtreibung genötigt wurde, kann das nachfolgend geborene Kind durchaus in die Position des Ersetzens kommen.

Kinder, denen ein Elternteil früh gestorben ist, möchten diesem oft ebenfalls in den Tod folgen. Wenn die Mutter im Kindbett starb, will das Kind oft nicht leben. Es glaubt, den Tod der Mutter verschuldet zu haben, und kann körperlich krank oder depressiv werden. Damit übernimmt es unbewußt die Verantwortung für das Risiko seiner Geburt. In solchen Fällen wirkt es sehr entlastend, wenn die Stellvertreterin der Mutter ihrem Kind versichert, daß sie das Risiko der Geburt bewußt eingegangen sei, um dem Kind das Leben zu ermöglichen. „Ich trage die Verantwortung allein", sagt sie ihrem Kind.

Eine Mutter, die im Kindbett stirbt, wünscht sich für ihr Kind ein erfülltes, glückliches Leben. Wenn das Kind ihr folgen will, wirft es das Leben fort, das ihm die Mutter unter Verlust ihres eigenen Lebens geschenkt hat. So wird es für die Mutter doppelt schlimm. Wir lassen die Stellvertreterin der Mutter zu dem jetzt erwachsenen Kind sagen: „In dir lebe ich weiter." So wird für den Klienten spürbar, daß es jetzt an ihm ist, die Fackel des Lebens zu tragen. Damit achtet er das Geschenk seiner Mutter. Wir lassen ihn der Stellvertreterin der Mutter antworten:

„Ich mach was aus meinem Leben, damit es nicht umsonst gewesen ist." Das befreit beide.
Dramatische Szenen erlebten wir mit Klienten, deren Zwillingsgeschwister starben. Zwischen Zwillingen besteht eine sehr starke Bindung. Auch wenn ein Zwilling schon bei der Geburt starb, weiß das überlebende Kind um den Verlust und hat oft ein schlechtes Gewissen. Warum darf ich leben und mein Bruder/meine Schwester mußte sterben? In der Aufstellung hat der Klient die Möglichkeit, mit dem Stellvertreter des Verstorbenen zu sprechen.
Die Antworten der Toten sind immer gleich: Sie wollen nicht, daß die Lebenden ihnen folgen. Sie empfinden dieses Opfer als unangemessen und völlig unnötig. Es ist ihr Schicksal, und sie wollen und können es alleine tragen. Dieses Schicksal kann ihnen niemand abnehmen. Es wird nicht dadurch leichter, daß ein Lebender sein Leben nicht genießt. Sie wollen ihren Platz in der Familie. Dann schauen sie gut auf die Lebenden.
Deshalb lassen wir den Klienten sagen: „Bruder, ich achte dein Schicksal." Diese Achtung tut dem Gestorbenen gut. Mit dem Satz: „Ich lebe noch ein wenig, und dann sterbe ich auch", wird dem Klienten deutlich, daß das körperliche Leben endlich ist und daß der Tod für jeden dazugehört, für den einen früher, für den anderen später. Jeder lebt, solange es ihm bestimmt ist, und wechselt dann in eine andere Seinsform. Es ist nicht ungerecht, daß jemand früher stirbt als der andere: es ist sein Schicksal!
Besonders eindrücklich ist uns ein Klient in Erinnerung, dessen Zwillingsschwester sich das Leben nahm. Seitdem spielte der Mann mit dem Gedanken, sich ebenfalls umzubringen. In der Aufstellung folgte er seiner Schwester und stellte sich neben sie. Es wurde ihm bewußt, daß er

sich zwischen Leben und Tod entscheiden mußte. Wir beeinflußten ihn nicht. Dadurch, daß wir nicht versuchten, ihn im Leben zu halten, stand er buchstäblich auf der Schwelle des Todes und empfand den Ernst der Situation. Er spürte, was er verlieren würde, wenn er den Tod wählte. Unter Tränen verabschiedete er sich von seiner Schwester und ging zurück ins Leben zu seiner Partnerin. Wenig später wurde diese schwanger, und jetzt ist er stolzer Vater einer Tochter.

Fehlender Abschied

Beim überraschenden Tod eines lieben Menschen ist es meist nicht möglich, Abschied zu nehmen. Auch von dem im Zweiten Weltkrieg verschollenen oder gefallenen Soldaten konnte sich die Familie und die ihn liebende Frau nicht verabschieden. Solch ein fehlender Abschied wirkt wie ein Stachel in der Seele.

Erwachsene sind häufig der Ansicht, daß Kindern der Anblick von Sterbenden erspart bleiben soll. Einige Klienten berichten, daß man ihnen erzählte, Oma oder Opa seien in die Ferien gereist. Erst Wochen später hätten sie von deren Tod erfahren. Sie fühlten sich durch die Nachricht völlig überrumpelt, da niemand ihnen die Möglichkeit gab, sich mit dem Sterben auseinanderzusetzen und Abschied zu nehmen. Daß Kinder trauern, können viele Erwachsene kaum ertragen, und deshalb umgeben sie den Tod mit einer Aura der Heimlichkeit. Weil die Trauer der Kinder keinen Platz hat, wird sie schließlich verdrängt.

Beim Familienstellen können solche Gefühle nachgeholt werden. Durch die tiefen emotionalen Prozesse bei der Aufstellung wird der Stellvertreter des Verstorbenen oder Verschollenen im Erleben des Klienten wirklich zu der geliebten Person. Endlich dürfen die inzwischen groß gewordenen Kinder, die Geschwister und Partner den Verlust beweinen und sich verabschieden. Solch ein Abschied kann lange dauern. Wir geben dem Prozeß so viel Zeit, wie er braucht. Wenn diese Gefühle sein dürfen, können die Lebenden die Toten loslassen.

Gerne nehmen die Lebenden den Segen der Verstorbenen. Zu diesem Zweck bitten wir den Stellvertreter des Verstorbenen und den Klienten, sich gegenüberzustellen. Der Stellvertreter des Verstorbenen nimmt den Klienten bei den Händen und sagt: „Ich habe von meinem Vater genommen. Es ist das Beste, was ich habe. Ich gebe es dir mit meinem väterlichen Segen weiter. Mach das Beste daraus und gib es deinen Kindern weiter." Dieser Segen wirkt wie ein Heilmittel gegen die Verzweiflung. Der Lebende spürt die Kraft und weiß, daß die Liebe des Verstorbenen mit ihm ist.

Bei solchen Aufstellungen fließen meist viele Tränen, doch diese Tränen befreien. Oft ist die ganze Gruppe tief bewegt, weil sich Verzweiflung in Liebe löst. Der Tod gehört zum Leben, und wenn wir aufhören, vor ihm davonzurennen, wird er zum Berater, ja, zum Freund. Der Tod ist ernst und echt. Wenn wir vor ihm stehen, schält er das Echte aus uns heraus. Nichts anderes hat Bestand vor ihm. So kann uns der Tod helfen, das Echte in uns zu fördern und den inneren Diamanten zu schleifen.

Wir beziehen uns bei der Gesetzmäßigkeit, daß Ausgeschlossene von Nachfolgenden ersetzt werden, auf die Theorie der morphogenetischen Felder von Rupert Sheldrake: *Wenn ein Teil des Systems entfernt wird, zeigt sich die Neigung zur erneuten Verwirklichung der Endform.* Darauf bezogen, ging es in diesem Kapitel um folgende Interventionen:

1. Die unbewußte Identifikation mit einem Toten, die beim Lebenden bewirkt, daß er das Leben nicht in seiner ganzen Fülle erfährt. Wir lösen diese Identifikation, indem wir dem Lebenden vermitteln, daß

Achtung oder sogar Liebe den Toten gegenüber ausreichen, um diesen einen guten Platz im System zu geben.

2. Die unbewußte Neigung, einem Verstorbenen, der einem sehr wichtig war, zu folgen. Wir machen die unbewußte Neigung bewußt, und der Klient kann bewußt entscheiden, ob er leben oder sterben will. Wenn es ihm gelingt, den Verstorbenen in Liebe anzusehen und sich von ihm zu verabschieden, kann er sich fürs Leben entscheiden.

Kapitel 8

Familien in der Krise

„Das Problem liegt nicht im Problem als solchem, sondern in der Art des Umgangs mit Schwierigkeiten."[17] *Virginia Satir*

Häufig kommen Menschen in unsere Kurse, die Schwierigkeiten in ihrer Gegenwartsfamilie haben. Ungelöste Paarkonflikte, Kinder mit psychosomatischen Symptomen oder auffälligem Verhalten, eine bevorstehende Trennung, die Verarbeitung einer Scheidung oder die Bildung einer neuen Familie aus zwei Alleinerziehenden mit ihren Kindern, dies alles führt Familien in die Krise.

Im Gegensatz zu den Betroffenen bewerten wir Krisen nicht negativ: Sie weisen alle Beteiligten unmißverständlich darauf hin, daß der Status quo den Menschen nicht mehr entspricht. Die Krise ist ein Signal dafür, daß Entscheidungen anstehen, die nicht mehr hinausgezögert werden können: Es muß sich etwas ändern!

In dem Moment, in dem die eigenen Bewältigungsstrategien nicht weiterführen, suchen Menschen Hilfe. Sie wollen verstehen, was sie in die Krise hineingeführt hat, und sie suchen einen Weg hinaus, der ihnen einen neuen, passenderen Status quo ermöglicht. Oft hoffen sie, daß sich die Krise durch die therapeutische Intervention in Luft auflöst: Nach dem Familienstellen soll plötzlich alles anders, besser sein. Wir wollen nicht ausschließen, daß auch so etwas möglich ist, doch *meist* ist ein Prozeß nötig, um die Veränderung dauerhaft durchzusetzen. Der Veränderungsprozeß braucht im allgemeinen seine Zeit und folgt häufig

einem Schema, das die amerikanische Familientherapeutin Virginia Satir formulierte.
Sie unterteilt den durch die Krise eingeleiteten Veränderungsprozeß in sechs Phasen. Phase 1 ist gekennzeichnet durch die Wahrnehmung der Krise. Die Menschen fühlen sich schlecht und reagieren je nach ihrer Persönlichkeit mit Symptomen, Verzweiflung, Wut oder Depression. Allen ist klar: „So kann es nicht weitergehen! Es muß sich etwas ändern!“ Wenn der Zustand so schlimm geworden ist, daß die an der Krise Beteiligten zugeben, daß es ihnen schlecht geht, ist Phase 2 erreicht. Die Familie sucht Hilfe, zum Beispiel in einer Familientherapie oder in einem Seminar. Der Therapeut gibt den Anstoß zur Veränderung: Er ist ein neues Element im Familiensystem, jemand, der Impulse gibt, Muster aufdeckt und Gefühlen Raum läßt.
Damit schlittert die Familie in Phase 3, die „gefährlichste“ Phase im Veränderungsprozeß. Durch die Interventionen des Therapeuten werden die gewohnten Lebensformen der Familie erschüttert. So störend diese Verhaltensmuster auch sein mochten, die Familie kannte sich mit ihnen aus. Die Menschen sind Experten auf diesem Gebiet, und jetzt sollen sie vertrautes Terrain aufgeben, um etwas Neues auszuprobieren, von dem sie noch nicht wissen, ob es besser ist als das Gewohnte! Es entsteht eine neue Krise, die Virginia Satir treffend „Chaos“ nannte. Menschen, die nach dem Familienstellen erleben, daß „alles noch viel schlimmer ist“, befinden sich in dieser Phase. Jetzt muß sich der Klient entscheiden, ob er aus Angst das alte, vertraute, dysfunktionale Verhaltensmuster fortsetzen will oder ob er vertrauensvoll und mutig den nächsten Schritt wagt.
Wenn er sich das Neue zutraut, wechselt er in Phase 4. Hier probiert er neue Sichtweisen aus, fühlt sich immer sicherer und entscheidet sich für

die Verhaltensmuster, die ihm jetzt entsprechen. Sobald er sich entschieden hat, befindet er sich in Phase 5, wo er die Verhaltensmuster so lange übt, bis er mit ihrer Hilfe in Phase 6 eine neue, befriedigendere Lebensform gefunden hat.

Natürlich laufen Veränderungsprozesse nicht schulbuchmäßig nach diesem Schema ab. Häufig wird zwischen den Phasen hin und her gewechselt. Einzelne Verhaltensmuster lassen sich möglicherweise leicht durchschauen und ändern. So kann sich jemand durchaus gleichzeitig in verschiedenen Phasen befinden. Doch wenn man die Anatomie des Veränderungsprozesses kennt, kann man leichter mit den auf dem Wege auftauchenden Krisen umgehen und diese nicht als Zeichen des Versagens werten, sondern als Heilreaktion, welche die Stagnation beendet und Raum für das Neue schafft.

Das Familienstellen eignet sich hervorragend dazu, die Ursachen für Schwierigkeiten in der Gegenwartsfamilie zu diagnostizieren. Die Wirkung von Außenbeziehungen auf die Familiendynamik wird ebenso klar wie die Folgen verdeckter Konflikte der Eltern auf die Kinder. Die Klienten haben die seltene Gelegenheit, verschiedene Lösungswege durchzuspielen. Die Betroffenen können tatsächlich mit Hilfe der Doubles ausprobieren, wie sich zum Beispiel eine Scheidung der Eltern auf die Kinder auswirken könnte, oder auf welche Weise eine Trennung den Nachwuchs möglichst wenig belastet. Oft wird Paaren beim Aufstellen bewußt, was sie durch eine Trennung aufgeben, und sie entscheiden sich für eine Paartherapie, um ihrer Beziehung und der Familie eine neue Chance zu geben. Dadurch, daß mehrere Alternativen erprobt werden können, erhalten die Erwachsenen verschiedene Lösungsmodelle. Sie können zu Hause in Ruhe darüber nachdenken und sich für einen Weg entscheiden.

Kinder mit Symptomen

Häufig sorgen die Kinder mit lästigen Symptomen dafür, daß die Familie therapeutische Hilfe sucht. Kinder sind äußerst kreativ in der Wahl der Symptome. Sie suchen sich treffsicher Störungen aus, die die Eltern aufschrecken. Zum Beispiel könnten Kinder figurbewußter Eltern dick werden, Kinder von Akademikern plötzlich stottern oder in der Schule versagen und Kinder von Rechtsanwälten im Laden Süßigkeiten klauen.

Ein besonders „beliebtes" Symptom bei Kindern scheint das Bettnässen zu sein, das sich von den Erwachsenen nicht ignorieren läßt. Allerdings weisen wir beim Bettnässen darauf hin, wie wichtig eine gründliche medizinische Untersuchung ist. Wir kennen Fälle von Kindern, die mit ihren Eltern jahrelange Therapien machten, ohne daß sich etwas an der Symptomatik änderte. Spezialuntersuchungen zeigten Fehlbildungen im Urogenitaltrakt, die operativ behoben wurden. Danach näßten die Kinder nicht mehr ein.

Auch unfallträchtiges Verhalten kann auf eine Störung in der Familie hinweisen. Kinder sind durchaus in der Lage, sich so zu bewegen, daß sie sich körperlich nicht schädigen. Kinder sind normalerweise keine Selbstmörder. Wenn sich gesunde Kinder plötzlich grob fahrlässig verhalten, ist höchste Vorsicht geboten.

Uns geht es in der Regel nicht so sehr darum, welches Symptom ein Kind zeigt. Wir beurteilen Symptome wie zum Beispiel Lügen nicht moralisch, sondern fragen uns, warum das Kind glaubt, sein Ziel nur durch Lügen erreichen zu können. Wir fragen uns, *was das Symptom bezweckt.* Warum ist es für das Kind besser, zu lügen und deshalb bestraft zu werden, als die Wahrheit zu sagen? Wozu nutzt ein Kind sein Symptom oder Fehlverhalten?

Unser Sohn Marian, der schon mit zwei Jahren so manierlich aß, daß wir ihn in jedes Restaurant mitnehmen konnten, fing plötzlich an, das

Essen in sich hineinzustopfen. Wir ermahnten ihn zuerst freundlich, doch er ignorierte unsere Erziehungsmaßnahmen so beharrlich, daß wir als Eltern mit der Zeit ganz normal sauer reagierten. Unser Sohn fraß, und wir konnten ihn nicht dazu bewegen, das zu ändern. Er schien es geradezu darauf anzulegen, uns zu ärgern. Wir befanden uns in einem klassischen Machtkampf, und unser Sohn bewies uns wieder einmal, daß Kinder die besseren Nerven haben.

Mit „normalen" elterlichen Erziehungsmaßnahmen kamen wir nicht weiter. So besannen wir uns auf unseren therapeutischen Hintergrund und fragten uns, was er uns mit diesem Verhalten sagen wollte. Wir analysierten die sich ständig wiederholenden Situationen genau und merkten, daß Marian uns mit seinem Verhalten dazu brachte, uns bei jedem Essen intensiv mit ihm zu beschäftigen. Wir waren damals beruflich sehr eingespannt und hatten wenig Zeit für ihn. Wollte er uns mit seinem Verhalten etwa dazu zwingen, daß wir uns wenigstens bei den Mahlzeiten ausschließlich mit ihm beschäftigten?

Wir redeten mit ihm und sagten, wir verstünden jetzt, daß er uns mit seinen schlechten Tischmanieren zeigen wolle, daß wir uns zu wenig um ihn kümmerten. Wir hätten das jetzt verstanden, deshalb könne er mit der Fresserei aufhören. Wir boten ihm als Gegenleistung an, wenn irgend möglich jeden Tag zwei Stunden mit ihm zu spielen, und bemühten uns, dies auch wirklich einzuhalten. Binnen einer Woche aß unser Sohn wieder so manierlich wie zuvor.

Mit einer Aufstellung läßt sich die Familiendynamik gut diagnostizieren. Hier erkennen Eltern, ob die Kinder in ihre Paarkonflikte einbezogen werden, ob sich die Eltern von den Kindern helfen lassen oder unangenehme Gefühle delegieren. Ein aggressives Kind kann zum Beispiel stellvertretend die Aggressionen seiner Eltern ausleben, die ihre

Konflikte verdrängen. Zuweilen tragen die Erwachsenen ihre Konflikte auch über das Kind aus.
Meist reichen eine oder zwei Aufstellungen aus, um die Familiendynamik so zu verändern, daß die Symptome der Kinder unnötig werden. Doch wenn die Symptome schon seit Jahren bestehen und chronisch geworden sind, kann es sein, daß das Kind zusätzlich therapeutische Hilfe braucht, um zu lernen, Gefühle auf andere Weise als durch sein Symptom auszudrücken.
Ein Ehepaar kam in unser Seminar, weil die Tochter einnäßte. Als wir das Paar zu seiner Partnerschaft befragten, gab die Frau zu, daß sie darüber nachdachte, sich von ihrem Mann zu trennen. Die beiden stellten ihre Herkunftsfamilien auf und merkten, daß beide ihren Eltern die Partner ersetzt hatten. Da die Partnerplätze jeweils von Vater und Mutter besetzt waren, hatten sich die beiden als Mann und Frau noch gar nicht genommen. Am Ende des Seminars war keine Rede mehr von Trennung. Beide wollten daran arbeiten, ihre Paarbeziehung zu beleben. Nach dem Kurs machte das Kind volle zwei Wochen nicht mehr ins Bett. Die Eltern waren begeistert. Doch dann begann das Mädchen wieder einzunässen. Da das Symptom schon seit vielen Jahren bestand, empfahlen wir eine unterstützende Kindertherapie, damit das Kind andere Möglichkeiten lernen konnte, seine Gefühle auszudrücken. Die Eltern haben uns inzwischen berichtet, daß das Mädchen von der systemischen Kindertherapie sehr profitiert und sein Symptom nicht mehr braucht.
Abschließend der Bericht einer Klientin, deren Kind durch eine einzige Aufstellung von seinen Symptomen befreit wurde:
„Ich stellte meine Gegenwartsfamilie auf, bestehend aus meinem Mann, mir und unseren beiden Söhnen Klaus und Peter. Zu diesem Zeitpunkt

war Peter fünf Jahre alt und brauchte nachts immer noch eine Windel. Trotz Windel war das Bett oft naß, und wir verzweifelten fast.
Durch die Aufstellung wurde mir klar, wie isoliert ich meinen Mann sah. Ich stand bei unseren Kindern, stützte mich auf sie und suchte Schutz bei ihnen. Die Jungen standen zwischen uns, und ich merkte, daß wir unseren Paarkonflikt über die Kinder austrugen. Der Stellvertreter für Klaus fühlte sich zwischen Mutter und Vater hin und her gerissen. Ich verstand plötzlich, daß das Einnässen unseres Ältesten die ungeweinten Tränen meines Mannes symbolisierten.
Nach der Aufstellung sprach ich abends vor dem Schlafengehen mit Klaus. Ich sagte ihm, daß er uns bei unseren Auseinandersetzungen nicht helfen könne und daß wir alleine damit fertig würden. Ich sagte ihm, daß er klein und das Kind und ich groß und die Mami sei. Ich hätte ihn sehr lieb, und sein Papa hätte ihn genauso lieb.
Am nächsten Abend sprach ich wieder mit ihm. Er fing an zu weinen, und ich hielt ihn in meinen Armen. In dieser Nacht blieb die Windel zum erstenmal trocken, und nach wenigen Tagen brauchten wir sie nicht mehr. Das ist bis heute, ein Jahr später, so geblieben.“

Trennung und Scheidung

Immer wieder kommen Klienten, weil sie sich von ihrem Partner trennen oder scheiden lassen wollen. Idealerweise lassen sich Paare mit Kindern vorher beraten, damit die Trennung für die Kinder verträglich wird. Eine Scheidung muß für Kinder nicht traumatisch sein, wenn sie sicher wissen, daß sie Papa und Mama als Eltern behalten dürfen. Vielleicht erinnern Sie sich an Kapitel sechs: Eine Trennung oder Scheidung betrifft immer nur die Paarebene, nie die Elternebene. Eltern können sich weder trennen noch scheiden. Sie bleiben ihr Leben lang die Eltern ihrer Kinder. Eine

Frau, die mit einem Mann Kinder hat, bleibt als Mutter der gemeinsamen Kinder mit diesem Mann verbunden, und ein Mann, der mit einer Frau Kinder hat, bleibt als Vater der gemeinsamen Kinder mit dieser Frau verbunden, ganz gleich, welche Konflikte das Paar miteinander ausfechten mag. Wenn die Erwachsenen einander als Mutter und Vater ihrer Kinder achten und in den Kindern die Liebe, die einmal zwischen ihnen war, fortsetzen, kann es allen auch bei einer Trennung gutgehen.

Leider sieht die Realität oft anders aus. Ziemlich häufig mißbrauchen die Erwachsenen ihre Kinder während der Trennungsphase als Druckmittel für die Durchsetzung ihrer Machtinteressen. Vordergründig tun sie alles zum Schutz der Kinder, weil derjenige Elternteil, der bekämpft wird, „natürlich unfähig ist“, die Interessen des Kindes wahrzunehmen. Gerichte werden eingeschaltet, um dem Ehepartner das Sorgerecht zu entziehen. Die Kinder werden in psychiatrische Kliniken geschickt, wo sie von Gutachtern untersucht werden, um die mögliche Schädigung durch Vater oder Mutter „objektiv“ nachzuweisen. Dabei geht es den Eltern nur vordergründig um das Wohl des Kindes. In Wirklichkeit wollen sie im Streit darum, wer die Partnerschaft ruiniert hat, recht behalten. Der andere ist der Böse und an allem Unglück schuldig, und das Kind muß natürlich diese Meinung teilen.

In den wenigsten Fällen hat ein Elternteil das Kind tatsächlich mißhandelt oder sexuell mißbraucht. Meist geht es darum, daß die Paarbeziehung der Erwachsenen aus Gründen, die nur das Paar angehen, gescheitert ist. Das Paar hat es versäumt, Unstimmigkeiten zu einem Zeitpunkt zu klären, wo diese noch lösbar gewesen wären. Die Liebe, die einmal war, ist vergessen. Und jetzt eignet sich die Besuchsregelung der Kinder oder das Sorgerecht prima dazu, dem Partner Zugeständnisse abzupressen. Die Verlierer sind natürlich immer die Kinder.

Auch wenn der Elternteil, bei dem das Kind lebt, nicht offen gegen den anderen aufhetzt, gerät das Kind in Schwierigkeiten, wenn die Trennung der Eltern sehr konflikthaft war und starke Haßgefühle gegen den Expartner bestehen. Das Kind, daß ja schon Vater oder Mutter „verloren" hat, gerät in ernste Loyalitätskonflikte, die sich nicht selten in Symptomen äußern. Es spürt genau, daß die Mama den Papa (oder der Papa die Mama) haßt. Soll es wirklich wagen, den Papa (die Mama) zu besuchen, oder würde ihm die Mama (der Papa) das nicht doch übelnehmen? Oft sind hier Double-Binds (siehe Kapitel 10) im Spiel. Verbal sagt die Mutter: „Geh zu deinem Vater" oder der Vater: „Geh zu deiner Mutter." Nonverbal drücken beide das Gegenteil aus: „Wenn du zu deinem Vater gehst, verrätst du mich!" oder „Wenn du zu deiner Mutter gehst, läßt du mich im Stich!"

Nach kurzer Zeit verweigert das Kind den Besuch beim Vater oder bei der Mutter. Dies wiederum bestärkt den Elternteil, bei dem das Kind lebt, in seinem Glauben, das Kind wolle keinen Kontakt, weil es Vater oder Mutter nicht möge. Das Kind selbst beharrt darauf, seine eigene Meinung zu vertreten, und schon Fünfjährige sagen überzeugend: „Ich will mit meinem Papa (meiner Mama) nichts zu tun haben!" In den USA ist dieses Verhalten unter dem Begriff PAS – Parental Alienation Syndrom – bekannt, das 1984 von dem amerikanischen Professor für Psychiatrie Richard A. Gardner geprägt wurde. Amerikanische Gerichte berücksichtigen bei ihren Entscheidungen zunehmend dieses Syndrom, verweigern in solchen Fällen das alleinige Sorgerecht und verordnen dem jeweiligen Elternteil eine Therapie.

Im deutschsprachigen Raum ist das Syndrom unter dem Namen „Elternentfremdungssyndrom" bekannt. Wenn man bedenkt, daß über die Hälfte der Scheidungskinder in Deutschland nach der Trennung der

Eltern zu einem Elternteil keinen Kontakt mehr haben, kann man ermessen, wie ernst dieses Problem ist. Der Psychologin Ursula Ofuatey-Kodjoe zufolge, die dieses Syndrom erforscht, bezahlen die Kinder den Krieg ihrer Eltern mit „Störungen in der Persönlichkeitsentwicklung, Einbußen des Selbstwertgefühls und der eigenen Beziehungssicherheit und Beziehungsfähigkeit.“[18]

Christiane hatte einen solchen Jungen, dessen Eltern sich seit Jahren vor Gericht um das alleinige Sorgerecht stritten, in der Kindertherapie. Seine Mutter brachte ihn zu ihr, weil er jedesmal, wenn er seinen Vater besuchen sollte, starke Bauchschmerzen bekam. Sie glaubte, das Kind wolle damit den Besuch beim Vater verhindern, weil es diesen einfach nicht möge. Nach einigen Wochen vertraute der Kleine Christiane an, er hätte ja nichts dagegen, nachmittags auch mal mit dem Papa zu spielen, doch dann werde die Mama furchtbar sauer. Er malte bereitwillig ein Bild von seinem Papa, doch als die Mutter kam, um ihn abzuholen, zerriß er das Bild vor ihren Augen und schrie: „Nie werde ich zu diesem Schwein gehen!“ Die Mutter ignorierte das schöne Bild und nahm den Ausbruch des Jungen als Beweis dafür, daß dieser das „wahre“ Wesen seines Vaters erkenne. Christiane brach die Therapie ab, weil die Mutter nicht bereit war, ihre grundsätzliche Haltung gegenüber ihrem Exmann zu ändern. Eine Weiterführung der Therapie hätte dem Kind eher geschadet – sprich, hätte es ohne Aussicht auf eine Lösung tiefer in die Krise geführt.

Selbst wenn die Partner Vorwürfe berechtigterweise äußern, haben die Kinder nun mal nur diesen einen Vater und diese eine Mutter. Sie bestehen aus beiden, aus den Genen des Vaters und der Mutter. Sie haben einige Eigenschaften des Vaters und einige der Mutter geerbt. Wenn sie nicht werden sollen wie Vater oder Mutter, verbietet man ihnen diesen

Teil ihrer Persönlichkeit, und wie bei allen Gefühlen, die nicht sein dürfen, werden sich auch diese irgendwann als Symptome äußern.
Eine Klientin stellte ihre Gegenwartsfamilie auf, weil sich der jüngste Sohn auffällig verhielt. Er war bockig, unzugänglich und frech. In der Schule verweigerte er das Lesen- und Schreibenlernen, obwohl er normal begabt war. Die Frau erzählte, ihr Mann habe sich kurz nach der Geburt des zweiten Kindes in die Karibik abgesetzt. Er kümmere sich nicht um seine Söhne, zahle keinen Unterhalt, rufe nie an, und sie sei deshalb ziemlich wütend auf ihn. Gegenüber ihren Kindern äußere sie sich nicht abfällig über den Vater, weil ihr bewußt sei, daß dies den Söhnen schaden könne. Doch bleibe es den beiden natürlich nicht verborgen, daß ihr Vater sich nicht für sie interessiere.
Bei der Aufstellung fühlte sich der Stellvertreter des jüngsten Sohnes stark zu seinem Vater hingezogen. Die Frau erzählte, daß das Kind seinem Vater äußerlich sehr ähnlich sei. Plötzlich wurde ihr klar, daß sie in ihrem Sohn alle schlechten Eigenschaften seines Vaters bekämpfte. Wir stellten einen zweiten Mann für ihren Ehemann auf: ein Double für den Mann, der sie mit den Kindern sitzengelassen, und einen Stellvertreter für den Mann, in den sie sich verliebt hatte. Wir erinnerten sie an die Anfangszeit der Paarbeziehung, und sie erzählte strahlend von ihrem Traumprinzen. Als wir ihr vorschlugen, in ihrem Sohn diesen Aspekt des Vaters zu lieben, stimmte sie sehr bewegt zu.
„Und die Kinder?“, werden wir oft gefragt. „Der Vater/die Mutter wird sich wahrscheinlich auch weiterhin nicht um sie kümmern, das Besuchsrecht weiter boykottieren usw.“ Das mag sein, doch oft geschehen Wunder, wenn sich einer der Erwachsenen dazu entschließen kann, den anderen wirklich zu achten und ihm diese Achtung auch auszusprechen. Ehekonflikte werden immer auf beiden Öfen gekocht. Wenn man aufhört,

dem anderen die Alleinschuld am Scheitern der Beziehung zu geben, und ihm gegenüber eingesteht, ebenfalls Fehler gemacht zu haben, kann sich viel ändern. Immer wieder kommt es zudem vor, daß jemand, der sich jahrelang nicht meldete, nach einer Aufstellung plötzlich anruft. Vater und Mutter haben einen Platz im morphischen Feld der Familie, und wenn das veränderte Bild sie erreicht, können sie darauf reagieren. Doch auch wenn alles so bleibt, wie es ist, können die Kinder ihre eigene Beziehung zu Vater und Mutter entwickeln. Wenn sie zornig auf diese sind, ist es ihr eigener Zorn und nicht der Zorn der Erwachsenen.

Eine achtzehnjährige Studentin kam wegen Depressionen zu einem Seminar. Sie erzählte von der Scheidung ihrer Eltern. Den Vater schilderte sie als unfähig. Er habe sich nie um eine eigene Beziehung zu seinen Kindern bemüht. In der Aufstellung merkte sie plötzlich, daß die Mutter die Kinder vor dem Vater abgeschirmt hatte. Sie hielt ihren Mann für grob und stumpf. Die Tochter hatte die Urteile ihrer Mutter übernommen, und jetzt wurde ihr klar, daß sie ihren Vater kaum kannte. Gleich nach dem Seminar rief sie ihn an und traf sich mit ihm. Der Vater war überglücklich, und heute hat die Studentin eine gute Beziehung zu ihm. Ihre Depression kam nie wieder.

Zuweilen kommen Frauen und Männer, die sich konflikthaft getrennt haben, zum Familienstellen, weil ihre Kinder auffällig werden. Meist stellen sie den Stellvertreter des geschiedenen Ehepartners abseits von der Familie auf. Es herrscht keine Achtung zwischen den Menschen, die sich einmal geliebt haben. Die Kinder zieht es zu beiden Eltern, und wenn das nicht sein darf, geraten sie in einen für sie unlösbaren Loyalitätskonflikt. Sie fühlen sich meist schuldig am Scheitern der Ehe ihrer Eltern, und noch Jahrzehnte später fühlen sie sich als Erwachsene als Versager, ohne sich dies erklären zu können. Dieses Trauma können

Eltern ihren Kindern ersparen, wenn sie die Konflikte da lösen, wo sie hingehören: einzig und allein auf der Paarebene!

In der Aufstellung können die Klienten ausprobieren, welche Lösung auf die Stellvertreter der Kinder am besten wirkt. Meist wollen Mann und Frau gute Eltern für ihre Kinder sein. Wenn ihnen deutlich wird, was sie ihren Kindern zumuten, sind sie häufig gerne bereit, etwas Neues auszuprobieren. Wir stellen die Eltern nebeneinander, die Stellvertreter der Kinder stehen ihnen gegenüber. Dann sagen die Erwachsenen ihren Kindern: „Wir als Paar haben uns entschieden, daß wir uns trennen. Doch wir bleiben eure Eltern, und ihr bleibt unsere lieben Kinder." Der Mann schaut die Frau an und sagt zu ihr: „Ich achte dich als Mutter unserer Kinder", und die Frau schaut den Mann an und sagt zu ihm: „Ich achte dich als Vater unserer Kinder." Dann fühlen sich die Kinder entlastet. Sie dürfen Vater und Mutter haben, und ob das Paar sich streitet oder verträgt, geht sie gar nichts an. Obwohl Kinder die Eltern natürlich am liebsten zusammen sehen, können sie eine solche Scheidung im allgemeinen gut verkraften.

Noch ein Wort zu den sogenannten „modernen" oder offenen Beziehungen. Darunter wird meist verstanden, daß jeder Partner so viele Außenbeziehungen haben darf, wie er möchte. Solange keine Kinder da sind, können Erwachsene all das machen, wozu sie Lust haben. Sie genießen die Vorteile ihrer Beziehungen, und sie tragen die Kosten. Doch sobald Kinder da sind, sieht die Sache anders aus. Kinder wollen Stabilität. Sie empfinden die Offenheit der Beziehung als Mangel an Schutz. Klienten, die solche Lebensformen gewählt haben, sind oft betroffen, wenn sie die Rückmeldungen der Stellvertreter ihrer Kinder hören.

Kinder brauchen Sicherheit, um sich entfalten zu können. Sie brauchen beide Eltern. Wer nicht bereit ist, für diese Sicherheit zu sorgen und den Preis dafür zu zahlen, sollte unserer Meinung nach lieber auf Kinder verzichten. Die Ehe ist für uns das äußere Zeichen dieser Sicherheit. Wenn Paare zu uns kommen, die nach längerer Partnerschaft nicht verheiratet sind, kommt immer heraus, daß sie nicht sicher sind, ob sie wirklich zusammenpassen. Es mag Ausnahmen geben, doch meist hält sich wenigstens einer der beiden ein Hintertürchen offen.

Natürlich ist ein Trauschein keine Garantie für das Gelingen der Beziehung, doch mit der Ehe sagt der Mann seiner Frau: „Du bist genau die Richtige für mich“, und die Frau sagt ihrem Mann: „Du bist genau der Richtige für mich.“ Die Frau nimmt den Mann, und der Mann nimmt die Frau. Erst dann hat die Beziehung eine wirkliche Chance.

Patchwork-Familien

Patchwork ist eine textile Technik, bei der Stoffflicken so aneinander genäht werden, daß eine größeres Stück Stoff entsteht. Unter einer Patchwork-Familie versteht man einen Zusammenschluß aus alleinerziehenden Elternteilen mit Kindern oder aus einem alleinerziehenden Elternteil mit einem kinderlosen Partner. In solchen Familien herrscht eine besondere Dynamik, weil der Ehemann der Mutter nicht der Vater der Kinder und die Ehefrau des Vaters nicht die Mutter der Kinder ist.

Häufig wissen Männer und Frauen, daß sie die leiblichen Eltern der Kinder nicht ersetzen können, und sie versuchen dies auch gar nicht. Doch wie ist es mit der Erziehung? Darf der Ehemann der Mutter die Kinder seiner Frau tadeln? Darf er ihre Tochter auf den Schoß nehmen und mit ihr schmusen, oder könnte man ihm sexuellen Mißbrauch vorwerfen? Inwieweit soll sich die Ehefrau des Mannes in die Erziehung einmischen, wenn seine Kinder am Wochenende zu Besuch kommen? Und wie ist es, wenn ein Mann eine Frau heiratet, mit deren Kindern er nichts zu tun haben will?

In zusammengesetzten Familien gelten im großen und ganzen dieselben Erziehungsregeln wie in Familien mit ausschließlich leiblichen Kindern. Die Erwachsenen sollten sich einig sein, wie sie ihre Kinder erziehen, damit sich der Nachwuchs klar orientieren kann. Ist der Vater anderer Meinung als die Mutter, gerät das Kind zum einen in einen Loyalitätskonflikt, zum anderen wird es die Unstimmigkeit der Eltern geschickt zu seinen Gunsten ausnutzen.

Für Patchwork-Familien, Familien, in denen ein leiblicher Elternteil und ein Stiefelternteil in einem Haushalt mit den Kindern zusammenlebt, sind Stiefvater oder Stiefmutter natürlich erziehungsberechtigt und teilen sich diese Aufgabe. Für sie gilt die Pflicht der Übereinstimmung in Erziehungsfragen erst recht, denn nur wenn sich die Erwachsenen nicht einig sind, kann die Stieftochter ihrem Stiefvater entgegnen: „Du hast mir gar nichts zu sagen. Du bist nicht mein Vater." Ziehen Mann und Frau dagegen an einem Strang, ist dieser Einwand unwirksam.

Wenn die Kinder nur am Wochenende zu Besuch kommen, also nicht ständig mit dem neuen Partner oder der neuen Partnerin des leiblichen Elternteils zusammenleben, ist die Situation etwas anders. Natürlich gelten in der Familie, in die die Kinder kommen, Regeln, die auch von ihnen eingehalten werden müssen, und in diesem Sinne ist auch die neue Frau des Vaters oder der neue Mann der Mutter erziehungsberechtigt. Doch wenn es um grundsätzliche Fragen geht, müssen hier in erster Linie der leibliche Vater oder die leibliche Mutter entscheiden. Besonders gilt das, wenn Vater oder Mutter wechselnde Partnerschaften pflegen. Die leiblichen Eltern müssen für das Kind konstante Bezugspersonen bleiben, an denen es sich orientieren kann.

Die Beziehung zwischen einem kinderlosen Partner und einem allein erziehenden Elternteil hat unserer Erfahrung nach nur dann eine

Chance, wenn der Partner die Kinder annimmt. Dies gilt natürlich um so mehr, wenn das Paar mit den Kindern zusammenlebt. Frau und Mann haben als Mutter und Vater Verpflichtungen ihren Kindern gegenüber, und wenn der neue Partner diese nicht mitträgt, gibt es bald schwere Konflikte in der Paarbeziehung, die recht häufig zur Trennung führen.

Eine neue Dynamik taucht auf, wenn beide Partner ein gemeinsames Kind wollen. Nur wenn sich das mit in die Beziehung gebrachte Kind angenommen fühlt, wird es das Baby als Geschwisterchen lieben können.

Ein Klient kam, um seine Gegenwartsfamilie aufzustellen. Bei der Vorstellungsrunde sagte er: „Ich bin verheiratet. Meine Frau hat eine Tochter mitgebracht, und wir haben einen gemeinsamen Sohn." Er erzählte, der kleine Sohn hänge so sehr an ihm, daß er die Mutter keines Blickes mehr würdige, wenn er zur Tür hereinkomme. Der Kleine klebe das ganze Wochenende wie eine Klette an ihm, und das werde ihm langsam zuviel. Die Frau bestätigte, daß sie, solange ihr Mann nicht zu Hause sei, einen sehr guten Kontakt zu ihrem Sohn habe. Das ändere sich in dem Moment, wo ihr Mann die Wohnung betrete. Zu seiner Stieftochter hatte der Mann ein eher distanziertes Verhältnis und betonte, daß dieses Kind die Tochter seiner Frau sei. Er achtete den Vater seiner Stieftochter, der das Kind regelmäßig sah.

Bei der Aufstellung stellte er sich neben seine Frau. Die Stellvertreterin der Tochter stellte er neben die Frau und den Stellvertreter des Sohnes neben sich.

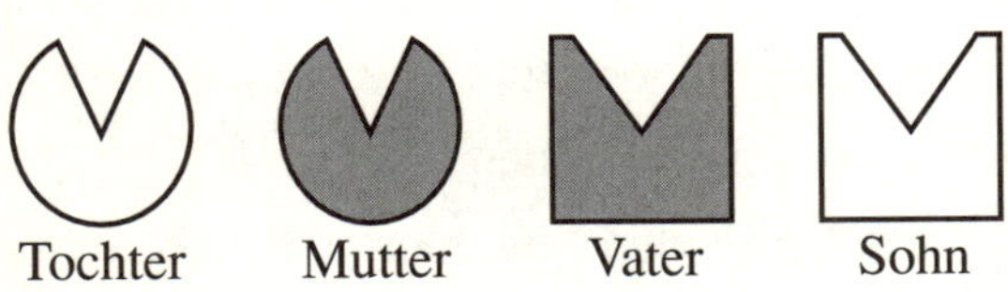

Wir mußten lachen, als wir das Bild auf uns wirken ließen. Die Kinder waren gerecht verteilt! Der Kleine spürte, daß die Tochter in den Augen seines Vaters nur der Mutter „gehörte“, und sorgte für einen gerechten Ausgleich: jedem sein Kind! Auch der Mann lachte, als ihm die Dynamik klar wurde. Er stellte beide Kinder vor sich und sagte zu seiner Stieftochter: „Ich achte deinen Vater“ und „Ich liebe dich wie eine Tochter.“

Stiefväter lehnen es zuweilen ab, mit den Töchtern ihrer Frau zu schmusen, weil sie Angst haben, sich dem Vorwurf des sexuellen Mißbrauchs auszusetzen. Es herrscht häufig Unklarheit darüber, wo Kuscheln aufhört und sexueller Mißbrauch anfängt.

Sexueller Mißbrauch findet zuerst im Kopf des Erwachsenen statt, und zwar bereits dann, wenn ein Erwachsener merkt, daß ihn der Körper eines Kindes sexuell erregt. Auch wenn den Phantasien keine Handlung folgt, reagiert das Kind darauf. Oft stellt der Erwachsene den Körperkontakt aus Angst vor seinen Empfindungen abrupt ein, um das Kind zu schützen. So ehrenhaft dieser Bewältigungsversuch sein mag, fühlt sich das Kind dadurch zurückgestoßen und ungeliebt. Besser wäre es in solch einem Fall, wenn Mann oder Frau die sexuellen Empfindungen therapeutisch bearbeiten würden. Auf der sicheren Seite sind Erwachsene immer, wenn sie dem Kind zwar signalisieren, daß sie offen für Körperkontakt sind, ihm aber die Entscheidung überlassen, wann und ob es das Angebot annehmen will.

Oft werden wir gefragt, ob durch eine Aufstellung sexueller Mißbrauch bewiesen werden könne. Eine Aufstellung zeigt das Bild, das ein Mensch innerlich von der Beziehungsdynamik seiner Familie hat. Dabei geht es um die Verdeutlichung von emotionalen Strukturen, nicht aber um Hellseherei. Familienstellen ist kein Orakel, und wir lehnen

solche Spekulationen grundsätzlich ab. Zuweilen legen ein Aufstellungsbild und die Reaktionen der Stellvertreter sexuellen Mißbrauch nahe, doch wenn die Klientin nichts davon weiß und überhaupt nicht auf die Hinweise reagiert, ignorieren wir sie ebenfalls.
Manchmal möchten Klienten durch eine Aufstellung herausfinden, ob der Vater wirklich ihr Vater ist, doch auch dies lehnen wir grundsätzlich ab. Wenn die Vaterschaft unklar ist, gibt es andere Möglichkeiten, sie zweifelsfrei nachzuweisen. Manchmal bleiben Geheimnisse aber auch im Verborgenen, und niemand kann wissen, ob es nicht besser so ist. Dinge, die nicht zu ändern sind, läßt man am besten einfach hinter sich. Bert Hellinger sagt dazu in seinen „Therapeutischen Briefen": „Auch wenn es so ist, daß vieles, was in der Vergangenheit noch unerledigt blieb, die Zukunft mit bestimmt, so führt doch der Blick zurück, wenn er zu lange dauert, an dem vorbei, was in der Zukunft möglich wäre und fällig. Der Fluß bezieht die Kraft zum Fließen eben nicht nur aus der Quelle, sondern auch aus dem Gefälle hin zum Ziel."[19]

In diesem Kapitel ging es vor allem um die hierarchische Unterscheidung von Paar- und Elternebene. Ein Paar kann sich trennen, die Eltern niemals. Vater und Mutter bleiben für immer die Eltern ihrer Kinder.

Kapitel 9

Aufstellung von Arbeitsteams

„Erfolg oder Scheitern im Leben hängen stets davon ab, daß man weiß, an welchem Spiel man gerade beteiligt ist."[20] *Fritz B. Simon*

Eigentlich klar! Oder? Doch für viele unserer Klienten, die ihre Arbeitssituation aufstellen möchten, ist gerade dies die Frage: Kenne ich das Spiel wirklich, in dem ich und meine Kollegen spielen? Spielen sie vielleicht ein anderes Spiel, von dem ich gar nichts ahne? Welches Spiel spielt meine Firma mit mir? Und welches spiele ich? In diesen Aufstellungen geht es darum, das Bild zu verdeutlichen und zu klären, das sich der Klient von der Dynamik in seinem Arbeitsteam, seiner Firma oder Organisation macht, und seine Rolle gegebenenfalls zu korrigieren.

In diesem Kapitel geht es *nicht* um systemische Organisationsberatung. Wir arbeiten mit einzelnen Mitgliedern einer Organisation oder Firma und versuchen gemeinsam, den Grund für deren Schwierigkeiten am Arbeitsplatz zu finden.

Das Kapitel besteht aus drei großen Teilen: Wir stellen die unserer Erfahrung nach vier häufigsten Problemkreise am Arbeitsplatz dar und zeigen, wie eine Aufstellung helfen kann, die Lage zu klären. Dem folgt der Bericht der Managerin Alma Golbers, die in ihrer Firma mit systemischen Lösungen für ein gutes Arbeitsklima sorgte und damit sicherstellte, daß der Betrieb seine Aufträge wieder erledigen konnte. Abschließend berichtet ein Angestellter, wie die gutgehende Firma, in der er beschäftigt war, durch hierarchische Unklarheiten in der Chefetage in kurzer Zeit in den Konkurs rutschte.

Was läuft schief?

Zum Glück handelt es sich bei aller Komplexität um wenige Grundprobleme, deren – unserer Erfahrung nach – häufigste wir hier im Rahmen eines Überblicks abhandeln. Natürlich erhebt diese Auswahl keinen Anspruch auf Vollständigkeit. Ein Kapitel reicht bei weitem nicht aus, um alle wichtigen Varianten anzusprechen. Wir behandeln hier die Probleme, auf die wir mit Klienten häufig stoßen. Speziell Interessierte finden im Literaturverzeichnis einige Bücher, mit deren Hilfe sie dieses Thema vertiefen können.

Um Schwierigkeiten im Berufsleben einschätzen zu können, ist es wichtig, den grundlegenden Unterschied zwischen einer Firma und einer Familie zu kennen, denn oft entstehen Probleme nur dadurch, daß an den Betrieb die gleichen Maßstäbe angelegt werden wie an die Familie. *Der größte Unterschied zwischen einer Firma und einer Familie besteht darin, daß in einer Firma die Funktion wichtig und die Personen austauschbar, in einer Familie aber die Personen wichtig und die Funktionen austauschbar sind.* Wir wollen diesen Unterschied an Beispielen deutlich machen:

In einer Familie sind in erster Linie die Personen wichtig. Ob der Frühstückstisch von Vater oder Mutter, von den Kindern oder der Haushaltshilfe gedeckt wird, ist so lange nebensächlich, wie niemand fehlt. Der Familie geht es gut, ganz gleich wer Funktionen wie die Schaffung der wirtschaftlichen Grundlage und die Haushaltsführung ausübt. Doch kein Familienmitglied sollte sich der Illusion hingeben, *es sei ersetzbar* (s. Kapitel 7) .

In einer Firma oder Organisation geht es dagegen in erster Linie um Funktionen: um Aufträge und ihre Abwicklung, ganz gleich ob es sich um Dienstleistungen oder den Vertrieb von Sachwerten handelt. Ob Herr Müller, Frau Schmid, Herr Meier oder Frau Schulze diese Arbeit erledigen, ist bei gleicher Qualifikation zuerst einmal irrelevant. Personen sind in Firmen immer austauschbar, und außer einigen wenigen Persönlichkeiten wie zum Beispiel herausragenden Wissenschaftlern oder besonders spezialisierten Managern sollte sich im Gegensatz zur Familie niemand der Illusion hingeben, *er sei in seiner Position nicht ersetzbar*.

Da dieser Unterschied den meisten nicht bekannt ist, werden in der Firma dieselben Strategien wie in der Familie angewandt, und zwar von der Leitung wie von den Mitarbeitern. In manchen Firmen, besonders aber in kleineren Unternehmen, wird dem Arbeitnehmer zuweilen vorgegaukelt, er befinde sich im Schoße einer großen Familie. Damit scheint *die Person in den Vordergrund* und *die Funktion in den Hintergrund* zu rücken. Kaum ein Chef ist sich wahrscheinlich im klaren, welches Mißverständnis er dadurch auslöst! In den wenigsten Fällen wird er nämlich bereit sein, eine ungenügende Ausübung der Funktion deshalb zu tolerieren, weil er den Angestellten oder die Sachbearbeiterin als Person sympathisch findet. Die Erfüllung der Aufgabe – die Funktion des Mitarbeiters – steht weiterhin im Vordergrund. Daß sich in Familienbetrieben, wo Personen und Funktionen untrennbar miteinander verbunden sind, eine ganz besondere Dynamik ergibt, wird jetzt offensichtlich.

Natürlich gibt es gerade bei den Familienbetrieben immer wieder Unternehmer, die ihr Bestes geben, die Person des Mitarbeiters nicht aus dem Auge zu verlieren. Besonders im 19. Jahrhundert machten Firmengründer wie Krupp oder Siemens durch ihr soziales Engagement für ihre

Arbeiter von sich reden. Das Modell des „alten“ Krupp diente international als Beispiel für die vorbildliche Betreuung von Mitarbeitern. Auch in Christianes Familie gab es in jenem Jahrhundert Firmenchefs, die sich persönlich um die Arbeiter kümmerten, bei Krankheit selbst ans Krankenbett eilten und die ärztliche Behandlung finanzierten. Dieses Engagement gibt es sicher heute noch, doch auch in so geführten Firmen sollte die Fähigkeit des Mitarbeiters, seine Funktion auszuüben, im Vordergrund stehen. Nicht umsonst mußten so viele alte Familienbetriebe in Deutschland in den letzten Jahren Konkurs anmelden.

Bei Angestellten oder Arbeitnehmern geht es bei Schwierigkeiten im Beruf so häufig um Querelen mit den Kollegen, daß sie die Funktion, zu deren Erfüllung sie eingestellt wurden, oft genug völlig aus dem Auge verlieren. Die meisten Chefs stehen diesem epidemisch verbreiteten Problem hilflos gegenüber. Sie wissen, daß sie der Kollegenknatsch aufgrund verringerter Arbeitsleistungen und vermehrter Fehlzeiten Unsummen kostet: In Deutschland spricht man von Milliarden. Dieses Problem ist erst in den letzten Jahren unter dem Stichwort „Mobbing“ ins öffentliche Interesse gerückt.

Für den Angestellten ist schon viel gewonnen, wenn er erkennt, daß aus dem Blickwinkel der Organisation die Bedürfnisse der Firma ganz klar vor seinen persönlichen Bedürfnissen stehen. Anders ausgedrückt: Die Firma legt in erster Linie Wert darauf, daß der Mitarbeiter die Funktion, zu der er eingestellt wurde, auch wirklich ausführt. In größeren Unternehmen gibt es zwar Personalchefs oder sogar Firmenpsychologen, doch auch diese sollen in erster Linie die Arbeits-, sprich Funktionsfähigkeit des Mitarbeiters sicherstellen. Die Firma als Familienersatz – der Chef als Vaterfigur, die Vorgesetzte als die gute Mutter – all diese Bilder sind in den wenigsten Fällen emotional ergiebig. Wenn man diesen grundsätzlichen Unterschied beherzigt, können Fehleinschätzungen und damit Enttäuschungen vermieden werden.

Es gibt unserer Erfahrung nach vier Problemkreise, die für die meisten Schwierigkeiten am Arbeitsplatz verantwortlich sind. Natürlich überschneiden sich die Problemkreise häufig, doch der Einfachheit halber stellen wir sie gesondert dar:

a) Schwierigkeiten aufgrund von persönlichen Projektionen
b) Schwierigkeiten aufgrund von Unklarheiten in der Hierarchie
c) Schwierigkeiten, weil die Arbeitssituation nicht oder nicht mehr paßt
d) Schwierigkeiten, weil Vorgesetzte ihre Probleme auf dem Rücken der Mitarbeiter austragen

a) Schwierigkeiten aufgrund von Projektionen

Wie schon erwähnt, geht es bei Klienten, die Schwierigkeiten im Beruf schildern, oft nicht um ihre Funktion in der Firma, sondern um Querelen mit den Kollegen. Die Konflikte stehen so im Vordergrund, daß das Firmenziel völlig aus dem Blickfeld gerät. Die häufigste Ursache dafür sind persönliche Probleme, die im Berufsleben ausagiert, bzw. auf Arbeitskollegen projiziert werden.

Wenn die Beziehung zu Vater und Mutter nicht geklärt ist, bieten sich Arbeitskollegen, vor allem aber Vorgesetzte als ideale Projektionsflächen an. Mitarbeiter, die sich Schlachten mit dem Chef liefern, bekämpfen unbewußt oft genug den Vater, mit der verhaßten Chefin oder Kollegin wird häufig der Konflikt mit der Mutter ausgefochten. Wie immer bei Projektionen reagiert der Klient auf jede Situation, die seiner Kindheit auch nur entfernt ähnelt, mit der ganzen Wucht des verletzten Kindes, und so entsteht ein emotional hoch aufgeladenes Arbeitsklima, das die Erledigung der Aufgaben nicht gerade fördert.

Wird eine solche Arbeitssituation aufgestellt, erkennen wir die Projektion oft schon am Bild. Spätestens während der Befragung der Doubles wird dem Klienten klar, daß er auf seinen Chef genauso wie auf seinen Vater reagiert, auf die Kollegin ähnlich wie auf seine Mutter. Dämmert diese Einsicht, brechen wir die Firmenaufstellung ab und arbeiten mit der Herkunftsfamilie weiter.

Ein Klient hatte irrationale Ängste vor dem Konzernchef. Obwohl er diesem nie begegnet war und die Aussichten, ihn zu treffen, aufgrund der Größe der Firma verschwindend gering waren, fühlte er sich von ihm existentiell bedroht. Da es keinen wirklichen Grund für seine Ängste gab, hatten wir die Hypothese, dieser Chef vertrete seinen Vater. Der Klient stellte seine Arbeitssituation auf, und er positionierte den Chef an eine Stelle, an der typischerweise der Vater steht. Innerhalb kürzester Zeit realisierte der Klient die Projektion, er stellte die Herkunftsfamilie auf und setzte sich intensiv mit seinem Vater auseinander. Wochen später berichtete er erleichtert, die Ängste seien seit der Aufstellung nie wieder aufgetreten.

Auch bei Arbeitssituationen, bei denen Klienten von ihren Kollegen tatsächlich schlecht behandelt werden, spielen Projektionen aus der Herkunftsfamilie oft eine wichtige Rolle. Eines der Erkennungsmerkmale für eine Projektion ist für uns die Intensität der durch ein bestimmtes Verhalten ausgelösten Reaktion. Fühlt sich der Klient bis ins Mark getroffen oder berichtet er, daß er nach einer Aggression eines Kollegen in tiefe Depressionen gefallen sei, liegt der Verdacht auf eine Projektion nahe.

Eine Klientin berichtete von Konflikten mit einer Arbeitskollegin. Wir arbeiteten das Konfliktmuster heraus, und plötzlich rief sie: „Das ist ja dasselbe wie bei meiner Mutter!“ Daß die Kollegin sie so stark hatte treffen können, lag daran, daß sie mit ihrem Verhalten in die gleiche Kerbe schlug wie die Mutter der Klientin. Wir arbeiteten mit der Herkunftsfamilie, und jetzt gelingt es der Frau, das Verhalten der Kollegin gelassen zu ertragen.

b) Schwierigkeiten aufgrund von hierarchischen Unklarheiten

Es sind jedoch nicht nur Projektionen, die den Arbeitsplatz zur Hölle machen. Unklarheiten in der Hierarchie können ebenfalls zu großen Schwierigkeiten führen. Die Hierarchie in Firmen oder Organisationen ergibt sich aus der Verantwortung für den Betrieb. Aus der Hierarchie ergeben sich die verschiedenen Funktionen. Ein Krankenhaus zum Beispiel besteht aus der Verwaltung und dem Ärzteteam. Hierarchisch steht die Verwaltung über dem Ärzteteam, weil sie die wirtschaftliche Grundlage schafft, auf der die Ärzte ihre Arbeit verrichten. Immer steht derjenige, der die finanzielle Basis ermöglicht, hierarchisch über demjenigen, der die Arbeit ausführt, auch wenn es sich dabei – wie zum Beispiel im Krankenhaus – um international anerkannte Fachärzte handeln mag.

Wenn die Firmenhierarchie nicht definiert ist, herrscht Unklarheit darüber, wer Anordnungen geben darf, wer sie auszuführen hat und wer was bearbeiten muß. In solchen Firmen machen alle alles oder auch nichts, und wenn etwas schiefgeht, ist niemand verantwortlich. Eine klare Hierarchie ist zwar kein Allheilmittel für innerbetriebliche Probleme, doch ihr Fehlen wirkt sich negativ auf die Umsetzung der Firmenziele und auf das Betriebsklima aus.

Deutet der Bericht eines Klienten über seine Schwierigkeiten am Arbeitsplatz auf eine Verwirrung der hierarchischen Ordnung, kann eine Aufstellung wirklich weiterhelfen, weil sie zeigt, welche Dynamik durch die unklaren Positionen entsteht. Zuweilen spricht ein Mitarbeiter seinem Vorgesetzten die Kompetenz ab und versucht, ihm die Führungsposition streitig zu machen. Jüngere Mitarbeiter greifen häufig ihre älteren Vorgesetzten an, doch auch wenn erfahrene Mitarbeiter einen jungen Vorgesetzten „vor die Nase gesetzt bekommen", gibt es gern Konflikte. *Die Diskussionen um Fachfragen werden zu verdeckten Diskussionen um den Führungsanspruch.* Der Vorgesetzte kann sich solch ein Verhalten von seiner Position her nicht bieten lassen und wehrt sich mit mehr oder weniger fairen Mitteln.

Ein Klient berichtete von einer für ihn unerträglichen Arbeitssituation. Mit dem alten Chef sei er prima klargekommen, doch seit dieser junge Schnösel von der Uni ihn tyrannisiere, leide er an Schlaflosigkeit und Magengeschwüren. Relativ rasch stellte sich heraus, daß der „alte Hase" den neuen Mann aufgrund seiner Unerfahrenheit nicht als Chef akzeptierte und keine Gelegenheit ausließ, diesen wegen mangelnder fachlicher Kompetenz bloßzustellen. Der Vorgesetzte schaffte sich das Problem vom Hals, indem er den Mann immer wieder für die Firma ins Ausland schickte, wodurch sich der ältere Angestellte körperlich überfordert fühlte.

Die Aufstellung machte den Konkurrenzkampf der beiden deutlich. Der Mann mußte einsehen, daß der Vorgesetzte als Manager ganz andere Qualifikationen haben mußte als er. Der Manager war für die Beschaffung der Aufträge verantwortlich und damit auch für seinen Arbeitsplatz, weshalb er in der Firmenhierarchie eindeutig über dem hochqualifizierten Facharbeiter stand. Der Klient konnte die von ihm gewünschte Entspannung der Arbeitssituation nur dann erreichen, wenn er den Vorgesetzten in seiner Funktion als Manager anerkannte, den hierarchisch unter diesem stehenden Platz als Fachkraft akzeptierte und sich wieder auf die Erfüllung seiner Funktion konzentrierte. Daß der Facharbeiter mit seinem Vater um die Führungsposition in der Familie kämpfte, also sein Familiendrama auf die Firma projizierte, wurde dabei ebenfalls klar und in einer weiteren Aufstellung bearbeitet.

c) Schwierigkeiten, weil die Arbeitssituation nicht oder nicht mehr paßt

Manchmal kommt durch eine Aufstellung heraus, daß der Klient nicht in seine aktuelle Arbeitssituation paßt. Wenn er das Firmenziel nicht wirklich vertreten oder sich mit seiner Position nicht identifizieren kann, mag ihm durch eine Aufstellung klarwerden, daß er sich verändern sollte.

Eine hochqualifizierte Wissenschaftlerin hatte in einer Organisation ein Projekt übernommen. Seit Jahren verbuchte sie internationale Erfolge, hatte überwiegend leitende Funktionen bekleidet und war als Kongreßrednerin in der ganzen Welt gefragt. Da sie ihr Arbeitspensum verringern wollte, übernahm sie das Projekt und unterstand dabei einer Direktorin. Zu ihrer großen Überraschung stieß sie von Anfang an auf heftige Widerstände bei ihrer Vorgesetzten und den Mitarbeitern, obwohl sie sich sehr bemühte, sich ins Team einzuordnen. Dabei war die Arbeit im Team nichts Neues für sie, und bis heute hatte sie damit keine Schwierigkeiten gehabt. Die persönlichen Querelen rieben sie auf, und weil ihr das Projekt sehr am Herzen lag, entschloß sie sich zu einer Aufstellung.

Die Stellvertreterin der Direktorin und die Doubles der Mitarbeiter des Teams machten ihr deutlich, daß ihre hohe Qualifikation, ihre großen Erfolge und ihre Persönlichkeit alle anderen zutiefst verunsicherten. Die Direktorin meinte gar, sie habe Angst vor ihr. Die Klientin konnte sich, auch wenn sie sich noch so sehr bemühte, nicht in dieses Team einordnen,

weil sie von ihrer Persönlichkeit und ihrer Qualifikation nicht hineinpaßte. Plötzlich wurde ihr klar, daß die Teams, denen sie angehört hatte, bisher ausschließlich aus hochrangigen Wissenschaftlern bestanden hatten. Sie erkannte, daß es für sie auf Dauer nur zwei Möglichkeiten gab: Um ihr geliebtes Projekt in Ruhe zu Ende zu führen, müßte sie die Leitung übernehmen. Da das nicht möglich zu sein schien, dachte sie darüber nach, jemanden in das Projekt einzuarbeiten und dann zu kündigen. Nach vier Wochen rief sie an und berichtete, zu ihrem eigenen Erstaunen habe die Organisation die Direktorin entlassen und ihre eigenen Befugnisse stark erweitert; es sei nicht ausgeschlossen, daß man ihr tatsächlich die Leitung des Teams antrage.
Wir glauben natürlich nicht, daß diese Veränderung ganz unmittelbar mit der Aufstellung zu tun hat, doch weil die Wissenschaftlerin ihre Position klarer vertreten konnte, mag die Geschäftsleitung der Organisation im Hinblick auf die Einsatzmöglichkeiten der Wissenschaftlerin neue Perspektiven gewonnen haben.

d) Schwierigkeiten, weil Vorgesetzte ihre Konflikte auf dem Rücken der Mitarbeiter austragen

Nicht immer verursacht die Persönlichkeitsstruktur des Klienten die Schwierigkeiten im Berufsleben. Manche Probleme kommen wirklich von außen, und auch diese Dynamik ist durch eine Aufstellung zu erkennen. Es kommt zuweilen vor, daß die Manager der Firma ihre Konflikte über die Angestellten austragen. Solch eine Dynamik ist für die Betroffenen besonders unangenehm, weil die Firmenleitung in den wenigsten Fällen die eigene Beteiligung erkennt (oder zugibt). Besonders bei kleineren Betrieben ist da kaum etwas zu ändern. Dem Angestellten bleibt oft nur die Kündigung.

Ein Klient erhielt eine Stelle als Verkäufer in einem Familienbetrieb. Als Firmenleiter galt der Seniorchef, der den Mann auch einstellte. Der Sohn wurde ihm als Juniorchef vorgestellt, und man ließ ihn glauben, daß beide die Firma in gutem Einvernehmen führten. Bald erkannte der neue Mitarbeiter, daß der Sohn den Vater erbittert bekämpfte. Kaum teilte der Vater dem Angestellten eine Arbeit zu, suchte der Sohn deren Ausführung zu verhindern. Dazu war ihm jedes Mittel recht. Er enthielt dem unerwünschten Mitarbeiter beispielsweise die Adressen wichtiger Neukunden vor, um ihm dann vorzuwerfen, daß er zu wenig Aufträge hereinbringe. Der Mann war nervlich und gesundheitlich völlig am Ende und kam zu einer Aufstellung. Als ihm klar wurde, daß er für den Konkurrenzkampf zwischen Vater und Sohn mißbraucht wurde, bat er um die Kündigung.

Die Aufstellung von Arbeitsteams oder Organisationen ist eine gute Methode, um zu erkennen, warum ein Klient Schwierigkeiten im Beruf hat. Der einzelne Klient kann von der Aufstellung sehr profitieren. Die Firma oder Organisation läßt sich im Gegensatz zur Familie dagegen nur wenig beeinflussen. Die komplexen Strukturen eines Betriebs erfordern einen qualifizierten Supervisor oder einen systemisch ausgebildeten Manager. Daß es tatsächlich möglich ist, eine durch verworrene Beziehungsstrukturen in ihrer Arbeitsleistung fast lahmgelegte Firma durch systemische Lösungen wieder „flott zu machen“, zeigt der folgende Bericht der Managerin Alma Golbers.

Systemische Lösungen am Arbeitsplatz – Ein Beispiel aus der Praxis

von Alma Golbers

Vorbemerkung

Der schwedische Chordirigent Eric Ericson, Vorbild einer Generation von Chordirigenten in Europa, versetzte deutsche Chorleiter 1984 auf dem Chorleiterforum in Stuttgart ins Staunen, als er mit musikalischer und persönlicher Autorität über den *Organismus* „zeitgenössischer Komponist – Chordirigent – Rundfunk“ philosophierte. Er führte den hohen Stand schwedischer Chormusik des 20. Jahrhunderts auf das Funktionieren dieses Organismus zurück. Überzeugend und freundlich in der ihm eigenen, den Menschen zugewandten Art erzählte er den lauschenden Musikern, daß zwischen Chorleitern, Choristen und Stimmbildnern ein Organismus entstehe, seiner Ansicht nach die Voraussetzung für ein erfolgreiches Musizieren. An Beispielen aus seinem reichen Erfahrungsschatz erläuterte er, daß er die Beziehungen zwischen Teilen dieses Organismus als lebendigen Prozeß verstehe. Eric Ericson setzte seine Überzeugung so selbstverständlich in die Praxis um, daß er zum Wegbereiter zeitgenössischer Chormusik in Schweden wurde. Das war meine erste Begegnung mit systemischen Gedanken, ohne daß ich es wußte.

Seither hat mich diese eindrucksvolle Lehrstunde begleitet. Schon bald überlegte ich mir, daß das Prinzip auch auf andere Situationen im Arbeitsleben übertragbar sein müsse. In meinem beruflichen Umfeld suchte ich jeweils einen solchen Organismus aufzuspüren, ohne jedoch um die dahinterliegenden Gesetzmäßigkeiten zu wissen. Deshalb konnte ich das Funktionieren des Organismus auch nicht steuern, sondern nur hier und da intuitiv beeinflussen. Da ich das Vorhandensein des Organismus erkannte und mein Beeinflussen Wirkung zeigte, war mir bewußt, daß es Regeln geben mußte. Ich kannte sie nicht und stand deshalb immer wieder vor Rätseln, die ich nicht lösen konnte. Und so griff ich begeistert zu, als sich mir die Möglichkeit bot, eine Grundausbildung als systemische Organisationsberaterin zu absolvieren.

Als mich Christiane und Alexander Sautter baten, eine Schilderung meiner jüngsten Erfahrungen mit systemischen Lösungen im Management zu ihrem Buch beizusteuern, plagten mich nicht geringe Selbstzweifel: Es gibt ja so viele Menschen, die mehr über systemisches Management wissen als ich! Andererseits war ich das Wagnis in der mir anvertrauten Firma eingegangen, hatte mein Wissen eingebracht und dadurch Lösungen ermöglicht, mit deren Hilfe die Aufgaben wieder zur Zufriedenheit aller – der Mitarbeiter und der Kunden – erledigt werden konnten.

Meine Geschichte mag andere ermutigen, sich mit dem Thema „systemische Lösungen am Arbeitsplatz“ zu beschäftigen und die systemischen Erkenntnisse in ihrem Beruf anzuwenden. Es kommt mir nicht darauf an, meine Geschichte als abgeschlossenen Vorgang darzustellen. Vielmehr möchte ich zeigen, daß es um einen Prozeß geht, in dem sich selbst kleine Fortschritte positiv auf das Ganze auswirken. Das Wissen um systemische Zusammenhänge leistet – wie ich behaupte – das Wesentliche, denn wie keine andere Methode läßt es sich sofort praktisch umsetzen. Und im Laufe meiner jahrzehntelangen Tätigkeit in leitenden Funktionen habe ich vieles kennengelernt, was mich statt dessen das Gruseln lehrte.

Die gängigen Managementmodelle brachten wohl – zumindest in meiner Arbeitswelt – so manchen kleinen Erfolg, aber nie eine auch nur annähernd dauerhafte Auswirkung auf den Alltag. Ich erlernte die Grundlagen „management by object“ und „management by exception“ und gab mein Wissen an die mittlere Führungsebene weiter, sandte die verschiedenen Hierarchien der Mitarbeiter zu externer Schulung und vergab hierzu betriebsinterne Seminare. Nach meiner Erfahrung stellten sich standardmäßig die gleichen Ergebnisse ein:

- Mitarbeiter, die das erlernte Wissen mit dem bekannten „Killer-Satz" quittieren: „Ich habe viel gelernt, aber eigentlich umsonst. Bei uns geht das nicht!"
- Mitarbeiter, die aufgeschlossen, ja motiviert sind und mit dem festen Vorsatz zurückkehren, das Gelernte anzuwenden. Doch nach einigen Wochen des Berufsalltags fallen sie in alte Verhaltensweisen zurück, der Ärger mit den Kollegen holt sie ein.

In beiden Fällen stellt sich der Zustand vor der Schulung wieder ein, und nur in wenigen Einzelfällen konnte ich feststellen, daß die eine oder andere Technik tatsächlich eingesetzt wurde. Die Änderung einer Gesamtsituation habe ich nie erlebt. Ich möchte ausdrücklich betonen, daß ich damit keineswegs die verschiedenen Methoden der Betriebswirtschaftswissenschaften und der Kommunikationslehre in Frage stelle, Hilfestellung bei der Bewältigung der Probleme am Arbeitsplatz zu geben. Ich behaupte lediglich, daß diese Ansätze ganz grundsätzliche Schwierigkeiten nicht berücksichtigen, die in der systemischen Organisationsberatung aufgegriffen werden.
Ich habe Schulungen immer dann abgelehnt, wenn ich erfuhr, daß die Mitarbeiter auf eine Art „Psychotrip" geschickt werden würden. Ich bin der Auffassung, daß derartige Versuche nicht ins Berufsleben gehören. Als Führungskraft darf ich mich aus Respekt vor dem Menschen nicht dazu verleiten lassen, in das Privatleben der Mitarbeiter einzudringen oder zuzulassen, daß die erforderliche gegenseitige Achtung zwischen Mitarbeitern verletzt oder gar aufs Spiel gesetzt wird. Da gibt es Metho-

den, den Mitarbeitern in Anlehnung an die „Urschrei-Methode“ die Gelegenheit zu bieten, den jeweiligen Kollegen oder Vorgesetzten zu beschimpfen – bis hin zu „Sie sind ein Arschloch“ ist alles erlaubt! Erreicht werden soll offenbar, daß sich emotionale Ventile öffnen und als Ergebnis die „heile“ Welt entsteht. Vor derartigen Experimenten habe ich die mir anvertrauten Mitarbeiter stets bewahrt.

Auf jeden Fall konnte ich nicht jenes Maß an Harmonie erreichen, das mir für die Arbeitswelt wünschenswert schien, und zwar einerseits zum Wohl der Menschen wie andererseits auch zu meinem. Denn eines hatte ich stets im Sinn: Ich wollte mehr Zeit für eigene Sachaufgaben gewinnen!

Die neue Firma

Zu Beginn des Jahres 1999 übernahm ich meine neue Funktion in der Leitung einer Firma in Mitteldeutschland. In den Augen der Mitarbeiter und Geschäftspartner, die bei meiner Einführung zugegen waren, las ich Neugier, Hoffnung und vor allem aber eine ungewöhnliche Erwartung – nicht fordernd oder gar aggressiv, sondern eher zurückhaltend, wie um Hilfe bittend. Die Menschen sahen in mir offensichtlich eine Hoffnungsträgerin.

Das erschreckte mich zutiefst; ich hatte das Gefühl, daß ich hier etwas stoppen mußte, was ich nicht erfüllen konnte. Bei meiner Ansprache als Erwiderung auf die Willkommenswünsche ging ich deshalb auf meine Beobachtungen ein und versicherte, daß ich keinen Zauberstab besitze und ganz sicher keine Wunder vollbringen könne. Als ich merkte, daß die freudig erregten Anwesenden meine Äußerungen nicht für bare Münze nahmen, sondern als persönliches Understatement werteten, mühte ich mich um Korrektur, was mit Aufatmen und Gelächter entgegengenommen wurde. Niemand kam auf die Idee, daß ich eine derartige Wahrnehmung gemacht und vor allen Dingen ernst genommen hatte; meine Reaktion darauf interessierte keinen: Ich hatte das Gegenteil erreicht, denn meine Ängste, eine solche Erwartung nicht erfüllen zu können, hatte ich meinen Zuhörern nicht begreiflich machen können.

Den Einstieg in meine Arbeit hatte ich für die Zeitdauer von drei Wochen minutiös geplant. In dieser Zeit wollte ich die Vielfältigkeit der Sachaufgaben und die internen Abläufe kennenlernen und den Zustand der zwischenmenschlichen Beziehungen erkunden. Für den ersten Tag hatte ich zwei Führungskräfte zu einem Informationsgespräch gebeten. Am Nachmittag wußte ich, daß meine sorgfältig vorbereiteten Planungen mit der Realität nicht in Einklang zu bringen waren. Ich begriff, daß die Probleme an allen Ecken und Enden auf Lösungen warteten, und mußte erkennen, daß meine Wahrnehmungen bei der Einführung die harte Realität widergespiegelt hatten: Ich war Hoffnungsträgerin für die Menschen, ich mußte mich wirklich stellen.

Worum geht es, und welcher Hintergrund liegt vor? Vor meinem Arbeitsbeginn gab es in der Leitung der Firma lange Zeit ein Vakuum, in dem die Mitarbeiter weitgehend sich selbst überlassen waren. Sie hatten keine Führung erlebt, die für Verläßlichkeit und Zuversicht gestanden hätte. Ich fand bestätigt, welcher Schaden in Firmen bei Menschen und Aufgaben entstehen kann, wenn Führung nicht wahrgenommen wird. Das Ausmaß des Leidens bei den Mitarbeitern, das ich zu erkennen glaubte, zwang mich, schnell etwas zu unternehmen. Die Schwierigkeit lag jedoch vor allem darin, daß ich keine Ahnung hatte, wo und welche Probleme im einzelnen vorhanden waren. Die Berichte und Schilderungen, die ich erhielt, waren verworren. Ich kannte keine Zusammenhänge in der Sache und schon gar nicht die Namen und Funktionen einzelner

Personen, die in den Beschreibungen von Ereignissen und komplizierten Beziehungen genannt wurden. Ich begriff nur, daß die Zeit zum Handeln drängte. Meine Kenntnisse in der systemischen Organisationsberatung lagen – wie schon dargelegt – in den Anfängen. Die Brisanz des Zustandes der Firma bestärkte mich in meinem Entschluß, systemisch vorzugehen.

Ich stand vor einem schier unüberwindlichen Berg sachlicher Probleme und vor einem unübersehbaren Geflecht durcheinandergeratener Beziehungen. Nach dem, was ich gelernt hatte, wäre die erfolgversprechende Maßnahme gewesen, einen externen systemischen Organisationsberater zu verpflichten. Er hätte die Ordnung innerhalb der Belegschaft herausgefunden und Lösungen mit den Mitarbeitern erarbeitet. Die Genehmigung zur Vergabe eines derartigen Auftrags hätte ich jedoch nicht erhalten. Mehr noch, ich lief Gefahr, für unfähig erklärt zu werden, wenn ich kurz nach Antritt der Leitungsfunktion um externe Unterstützung nachsuchte. Mein Arbeitgeber hatte gerade mich ausgesucht, weil er von mir Lösungen erwartete. Die Überzeugung ist weit verbreitet, daß Erfolge allein auf der sachlichen Steuerung der Geschäftsabläufe und auf einer starken Hand in der Mitarbeiterführung basieren. Das Wissen ist indes gering, daß und welche Gesetze das Arbeitsleben bestimmen.

In diesem Zusammenhang beschäftigte mich noch ein anderer Grundgedanke: In meiner Funktion als leitende Angestellte obliegen mir Kompetenzen der Arbeitgeberseite, ich gehöre zum System, bin also Beteiligte. Ein systemischer Organisationsberater wirkt jedoch deshalb so erfolgreich, weil er nicht zum System gehört, ja, er darf nicht Teil des Systems sein.

Wenn also mein Vorhaben, Erkenntnisse aus der systemischen Organisationsberatung anzuwenden, Gestalt annehmen sollte, mußte ich darauf achten, die strikte Trennung der Funktionen Arbeitgeberin und systemische Organisationsberaterin einzuhalten. Dazu gehörte ein hohes Maß an ständiger Aufmerksamkeit und Reflektion. Außerdem wurde mir bewußt, daß aus diesem Grunde den von mir anzuwendenden Methoden Beschränkungen auferlegt waren. Ich suchte in meinen Ausbildungsunterlagen nach Anhaltspunkten, die mir weiterhelfen konnten, legte mir mein Vorgehen zurecht und startete.

Die Situation

Die Firma ist in zwei Organisationseinheiten gegliedert. Sie plant und realisiert Marketingmaßnahmen (Bereich B) und bucht Serviceleistungen auf telefonische bzw. schriftliche Bestellung und durch örtlichen Verkauf (Bereich A).

Der Bereich B war geordnet. Die Arbeit wurde geleistet, die Kommunikation verlief, zumindest an der Oberfläche, reibungslos. Der Bereich A entpuppte sich dagegen als problematisch. Die hier beschäftigten Mitarbeiter betreuen jeweils einzeln verschiedene Aufgabensektoren und müssen recht selbständig arbeiten. Sie benötigen Qualifikationen im Ein- und Verkauf, Lagerhaltung usw. Darüber hinaus sind qualifizierte Fähigkeiten im Umgang mit elektronischer Datenverarbeitung für Buchungs- und Reservierungssysteme erforderlich. Der Betrieb erbringt Dienstleistungen an allen sieben Tagen der Woche mit einer Öffnungszeit für Publikum von 154 Stunden, so daß im Schichtdienst gearbeitet werden muß. Die Firma, die im A-Bereich zehn Mitarbeiter beschäftigte, stockte diese Zahl wegen eines großen Auftrags um zweiundzwanzig Mitarbeiter auf. Diese wurden dem Stammpersonal zugeteilt, dem auch die Aufgabe zufiel, die neuen Mitarbeiter anzulernen. Die Abteilung wurde von einer Abteilungsleiterin und deren Stellvertreterin geführt.

Zunächst einmal wollte ich mir Klarheit über die zwischenmenschlichen Ebenen im problematischen Bereich A verschaffen. Ich wollte wissen, welcher Art die Beziehungen zwischen den einzelnen Mitarbeitern waren, und erkannte folgende Störfelder, die eine fruchtbare Zusammenarbeit verhinderten:

- Die Abteilungsleiterin im Bereich A hatte Durchsetzungsprobleme. Sie schaffte es nur schwer, ihre Anordnungen so zu formulieren, daß das Personal sie auch ausführte. Obwohl sie tagein, tagaus schuftete, gelang es ihr nicht, ihre Arbeitsleistung den Mitarbeitern und ihrer Stellvertreterin gegenüber transparent zu machen. Sie klagte über mangelnde Kooperation der Belegschaft und war überzeugt, das Stammpersonal sei faul und unfähig, jeder nur auf seinen eigenen Vorteil bedacht, es erledige die Sachaufgaben mehr schlecht als recht und führe ihre Anordnungen nicht aus. Unterstützung erhielt sie nur von ihrer Stellvertreterin.
- Die Stellvertreterin vermittelte zwischen der Abteilungsleiterin und der Gruppe des Stammpersonals. Bei den häufig anfallenden Kontroversen verrichtete sie Arbeiten, die nicht zu ihrem Aufgabenbereich gehörten, selbst, um Diskussionen aus dem Weg zu gehen. Dadurch entstand der Eindruck, die Abteilungsleiterin habe nichts zu tun, zumal die Stellvertreterin darauf verzichtete, ihre Überlastung klar und deutlich anzusprechen. Sie fühlte sich überfordert und hatte kurz vor meinem Eintritt die Kündigung eingereicht.
- Die Mitglieder des Stammpersonals fühlten sich von der Abteilungsleiterin unter anderem durch die Einteilung der Wochenendarbeit ungerecht behandelt. Da diese Dienste besonders unbeliebt waren, kam es deswegen auch untereinander immer wieder zu offenen Äußerungen von Frustration und Ärger. Auch die zusätzliche Aufgabe der

> Einarbeitung der neuen Mitarbeiter nahm das Stammpersonal der Vorgesetzten übel, zumal diese den Integrationsprozeß in keiner Weise begleitete. So konnten sich weder zur Abteilungsleiterin noch untereinander tragfähige Beziehungen entwickeln, und Anfeindungen jeglicher Art waren keine Seltenheit.

Mir wurde rasch klar, daß ich es mit einem richtig schlechten Betriebsklima zu tun hatte: Die Abteilungsleiterin fühlte sich nicht anerkannt und machte das Stammpersonal für alle Fehler verantwortlich, die Stellvertreterin saß zwischen allen Stühlen und fühlte sich bei dem Versuch, den Karren alleine aus dem Dreck zu ziehen, vollkommen überfordert, und die Mitarbeiter trugen diverse Konflikte untereinander und mit der Abteilungsleiterin aus. Das in Betrieben so wichtige Wir-Gefühl war nicht einmal ansatzweise vorhanden. Zum Zeitpunkt meines Eintreffens hatten sich die Dinge aufgrund der gestörten Kommunikation verselbständigt und Bedingungen geschaffen, unter denen das Arbeiten erheblich erschwert, wenn nicht gar unzumutbar wurde.

Meine Aufgabe im Zusammenhang dieses Buches ist nicht, die Maßnahmen zu schildern, die ich im organisatorischen Bereich anordnete. Vielmehr beschäftigen wir uns hier mit Lösungen aus der systemischen Organisationsberatung, mit denen ich das Arbeitsklima und die gestörte Kommunikation deutlich verbesserte. Der Vollständigkeit halber erwähne ich jedoch, daß ich überall dort, wo es vertretbar war, auf organisatorische Änderungen verzichtete. Diese wollte ich später *gemeinsam* mit den Mitarbeitern vornehmen. Ich griff nur dort ein, wo dies unerläßlich war. Es wird möglicherweise manchen Leser überraschen, daß ich es vorzog, dem Mitmenschlichen am Arbeitsplatz den Vorrang zu geben und die organisatorischen Mängel erst einmal hinzunehmen. Die Mitarbeiter waren gewohnt, daß Entscheidungen ohne sie getroffen wurden, daß sie wenig oder gar nichts über Änderungen erfuhren, aber die Realisierung plötzlich verwirklichen mußten. Ich bin dagegen der Meinung, daß zunächst Vertrauen zwischen einer Führungskraft und ihren Mitarbeitern bestehen muß, damit fachliche Anordnungen gemeinsam umgesetzt werden können.

Es ist leicht nachvollziehbar, daß die Qualität, mit der die Aufträge abgewickelt wurden, nicht mehr gewährleistet war. Eine Führung, geschweige denn Qualitätskontrolle, war hier chancenlos. Der Weg zur Bereinigung **mußte** darin bestehen, die Kommunikation zu bessern. Daß ich ohne Aufschub zur Lösung beitragen bzw. Lösungen vorzuschlagen hatte, und zwar ohne jede Hilfe von außen, ist jetzt sicher verständlich.

Der Weg

Wertschätzung

Die systemische Arbeit beginnt mit der Wertschätzung des Menschen. Jeder Mensch kann prüfen, ob er den anderen Menschen schätzt. Schnell erwächst die Erkenntnis, daß nur derjenige andere schätzen kann, der sich selbst wertschätzt. Dieser Prozeß unterliegt ständigen Veränderungen, Fortschritten wie Rückschlägen – das bleibt auch mir nicht erspart. Allerdings bin ich mir dessen bewußt und gehe deshalb davon aus, daß ich eine gute Ausgangsbasis für die Arbeit mit Menschen besitze.

Auf unser Beispiel am Arbeitsplatz angewendet, lautet die erste Erkenntnis:

Jeder Führungskraft sind Menschen anvertraut, und deshalb hat jede Führungskraft die Verpflichtung, sich mit der Wertschätzung der Mitarbeiter auseinanderzusetzen.

Das bedeutet, daß eine Führungskraft ihre Einstellung sich selbst und den Mitmenschen gegenüber zu überprüfen hat. Stärken und Schwächen bei sich und anderen müssen angenommen und geschätzt werden, nur dann wird es gelingen, jeden Menschen in seinem So-Sein wertzuschätzen.
Gespräche mit Mitarbeitern, einzeln und in Gruppen, standen deshalb am Anfang meiner Unternehmung im Betrieb, ein Mittel, dessen sich jede Führungskraft bedient. Im Unterschied zu anderen Führungsmethoden bestand mein Hauptanliegen darin, die Mitarbeiter meine Wertschätzung fühlen zu lassen. Lösungen vorzuschreiben hatte bei mir Nachrang.
Wie wird Wertschätzung ausgedrückt? Es ist wichtig, mit bestätigenden Formulierungen Anerkennung und Respekt zu äußern. Die Anteilnahme an der Persönlichkeit muß deutlich werden.
Da der Betrieb in Mitteldeutschland liegt, hatte ich es mit Personal zu tun, das sich während der DDR-Zeit anderen Maßstäben stellen mußte. Ich registrierte, daß die Menschen mit Minderwertigkeitskomplexen zu kämpfen hatten, denen ich in den alten Bundesländern bisher noch nicht begegnet war. Aus diesem Grunde legte ich besonderes Gewicht auf die Vermittlung meiner Wertschätzung. Tauchten in den Schilderungen Initiative, eigenverantwortliches Handeln oder Kreativität im Umgang mit alltäglichen Vorkommnissen auf, äußerte ich Respekt. Die Mitarbeiter wußten, daß ich ihre persönlichen Biographien vor dem Hintergrund der gesellschaftlichen und politischen Geschehnisse in der DDR, die ihre Spuren hinterlassen haben, wahrnahm, und so gelang es mir, daß sie mir

die Wertschätzung ihrer Leistungen glaubten. Aufgrund der damaligen politischen Situation waren Denk- und Verhaltensweisen entstanden, die sich von den in den alten Bundesländern üblichen unterschieden. Ich begriff, daß hierin mehr als eine Chance liegt. Wenn Menschen sich in so schwierigen Lebensumständen behaupten, dann wächst damit die Fähigkeit, sich flexibel auf neue Anforderungen einzustellen.
Das latente Gefühl, mit den bisherigen Lebensleistungen nicht konkurrenzfähig zu sein, beherrscht hier viele Menschen. Gerade bei diesem Thema konnte ich ihnen offensichtlich aber verdeutlichen, daß sie es wert sind, ein anderes Gefühl für sich selbst zu entwickeln, nämlich stolz zu sein, unter diesen Umständen so vieles geschafft zu haben. Zugleich bemerkte ich bei vielen Menschen die unglaubliche Kraft und den eisernen Willen, sich in der für sie neuen Welt einen Platz zu erobern. Eine Lernwilligkeit und -fähigkeit in dieser Stärke hatte ich noch nicht kennengelernt.
Die erreichte Wertschätzung und der Wille jedes einzelnen, zur Verbesserung des Arbeitsklimas beizutragen, schienen gute Voraussetzungen für die geplante Problemlösung. Ich begann deshalb mit der Methode des *Ankoppelns,* um hinter die Geheimnisse der Probleme in der Firma zu kommen.

Ankoppeln

Wir fühlen uns immer dann besonders wohl, wenn wir das Gefühl haben, daß das, was wir sagen, wirklich gehört wird. Zuhören ist eine Kunst! Wir unterscheiden in der systemischen Organisationsberatung das einfache vom aktiven Zuhören.
Das einfache Zuhören kann dem Erzähler den Eindruck vermitteln, daß sein Hörer den Bericht nur oberflächlich aufnimmt, so daß der Erzähler,

je nach Temperament, in seinem Anliegen, verstanden zu werden, dringlicher wird. Er möchte auf Gedeih und Verderb erreichen, daß sein Gegenüber positiv Stellung bezieht. Doch Hörer neigen dazu, das Gehörte zu *bewerten*. Wenn die Wertung konträr zum Gehörten ausfällt, kommt es zu den allseits bekannten Auseinandersetzungen, die oft genug im ungelösten Streit enden. Am Arbeitsplatz passiert das gleiche.
Das aktive Zuhören unterscheidet sich vom einfachen dadurch, daß der Sprechende immer wieder durch Fragen angeregt wird, sich präziser auszudrücken. Aktives Zuhören setzt voraus, daß sich der Zuhörer angesprochen fühlt und dies auch zum Ausdruck bringt. Der aktive Zuhörer vergewissert sich, ob er dies oder jenes richtig aufgefaßt habe, etwa mit Worten wie „Habe ich richtig verstanden, meinen Sie dies so oder so...?“
Das Ankoppeln der systemischen Arbeitsweise geht noch einen Schritt weiter. Das Ankoppeln ist *wertfrei*. Mit Verständnisfragen wie beim aktiven Zuhören beginnen die Gespräche. Doch beim Ankoppeln vermeidet der Hörer jede emotionale Einschätzung und überläßt damit dem Erzähler die Klärung der von ihm berichteten Begebenheit. Um den Erzähler nicht in eine Position der Rechtfertigung zu drängen, sollten die Frageworte „wieso“, „weshalb“, „warum“ vermieden werden. Die Frageworte „wann“, „wer“, „wie oft“, „welche“ usw. geben dem Erzähler dagegen die Möglichkeit, die eigene Bewertung der Situation vorzutragen. Ein Beispiel soll Ihnen verdeutlichen, wie sich das Ankoppeln auswirkt:
Die Stellvertreterin hatte die Kündigung eingereicht. Es bedurfte keiner allzu großen Menschen- und Fachkenntnis, festzustellen, daß diese Frau ein Profi ist, eine vorbildliche Arbeitsauffassung besitzt und jeden Vorgesetzten durch Tatkraft und fachliche Kompetenz überzeugt.

Ich teilte ihr zunächst mit, daß ich vom Personalchef über ihr Kündigungsschreiben unterrichtet worden sei. Ich hatte nun die Möglichkeit zu fragen: „Warum haben Sie gekündigt?“ Doch mit dieser Formulierung hätte ich sie möglicherweise in eine Verteidigungsposition gedrängt. Um dies zu vermeiden, begann ich das Gespräch mit folgenden Worten: „Sie haben gekündigt. Was hat Sie zu diesem Schritt veranlaßt?“ Ich drückte damit aus, daß ich ihre Entscheidung akzeptierte, sie ernstnahm, daß mich aber ihre Gründe für diesen Schritt interessierten. Die Mitarbeiterin reagierte unmittelbar positiv und schilderte mir offen und ausführlich ihre Beweggründe. Sie brachte ihre Frustration und Überforderung zum Ausdruck. Immer wieder ermutigte ich sie, mir einzelne Vorfälle darzulegen, etwa durch Fragen wie: „*Wann* haben Sie die gerade geschilderte Empfindung besonders stark erlebt?“, „*Wer* war bei diesem Vorfall anwesend?“, „*Wie oft* ist dies oder jenes passiert?“ Ich bestätigte sie fortwährend mit umsichtig gewählten Zusammenfassungen wie: „Sie haben sich dann besonders im Stich gelassen gefühlt“ – „Sie hatten das Gefühl von Ungerechtigkeit, von Ausgenutzt-werden“ usw. Durch derartige Hilfestellungen konnte sie die Vorgänge selbst gut nachvollziehen, bestätigen oder berichtigen. Entscheidend war ihr persönliches Empfinden und damit *ihre* Wertung der Vorgänge.
Ich koppelte mich so an sie an, daß ich herausfand, *wie gern* sie arbeitete. Viele Jahre lang hatte sie die ihr anvertrauten Aufgaben verantwortungsvoll erledigt und sich der neuen Technik elektronischer Datenverarbeitung gestellt. Sie konnte ihren Kummer über das Verhalten der Abteilungsleiterin nicht verbergen. Sie war verletzt, mit welcher Dreistigkeit sie von dieser ausgenutzt wurde und daß ihre Arbeit keine Anerkennung fand. Dennoch versuchte sie, positives Bindeglied zu den Mitarbeitern zu sein. Nachdem die Abteilungsleiterin in der größten Hektik

bei Eingang eines neuen Auftrages längere Zeit krank geschrieben worden war und damit die Last des Alltags auf ihr lag, war der Entschluß gereift, die Kündigung einzureichen. Dies schilderte sie mir nach der Frage: „*Wann* fiel Ihre Entscheidung, die Kündigung einzureichen?"
Ich bin überzeugt, daß der Unterschied zu den herkömmlichen Methoden der Gesprächsführung erkennbar geworden ist. Ich hatte mit der Technik des Ankoppelns in kürzester Zeit das gesamte Spektrum der Erlebniswelt meiner Mitarbeiterin erfahren. Sie fühlte sich von mir verstanden.
Da ich mich einem riesigen Berg von zu lösenden Problemen gegenübersah, wäre mir nichts lieber gewesen, als auf diese Frau als Mitstreiterin zählen zu können, und so näherte ich mich meinem Wunsch nach Zurücknahme ihrer Kündigung. Bei allem Verständnis für ihre Entscheidung verdeutlichte ich ihr, wie wichtig sie für den Betrieb, seine Mitarbeiter und mich persönlich sei und welch wesentlichen Beitrag sie zur Befriedung der Firma leisten könne. Da ihr die Schwierigkeiten vertraut waren, verstand sie, daß mir ihr Verbleiben in der Firma den Rücken freihielt, mich um die weiteren Mitarbeiter zu kümmern. Zugleich versprach ich ihr, daß sie von zusätzlicher Arbeitslast frei bleiben werde. Die Stellvertreterin gab zu verstehen, daß sie unter diesen Umständen die Kündigung zurücknehme. Dieser geglückte Vorgang förderte sichtlich das Gesamtklima und stärkte meine Stellung innerhalb des Organismus. Ich hatte das erste Problem gelöst und war nun zuversichtlich, mit dieser Methode weiter gut zu fahren.
Ich versammelte daher das Stammpersonal und lud auch die Abteilungsleiterin dazu ein. Die Zusammenkunft begann mit einem Dank an alle Mitarbeiter. Daß ich ihre Bereitschaft zur Mithilfe in der verfahrenen Situation anerkannte, schaffte ein günstiges Klima. Ich erklärte, daß es

unabdingbar sei, die Probleme gemeinsam anzupacken, d.h. im Beisein ihrer Abteilungsleiterin. Ganz deutlich spürte ich, daß persönliches Wohlbefinden eintrat und zugleich Neugier auf das Kommende – beides gute Voraussetzungen. Ich registrierte dagegen auch, daß sich die Abteilungsleiterin ausgesprochen unwohl fühlte. Sie hatte noch nicht erlebt, daß sie im Beisein der von ihr abgelehnten Mitarbeiter und in Gegenwart der nächsthöheren Vorgesetzten ein Arbeitsgespräch führen sollte. Ich hatte zuvor versucht, sie in einem Vier-Augen-Gespräch auf diese Situation vorzubereiten. Obwohl ich auch ihr meine Wertschätzung ausgedrückt und dann versucht hatte, mich an sie anzukoppeln, erreichte ich bei ihr fast nichts. Sie brach in Tränen aus, so daß ich sie wieder aufzubauen hatte. Leider mußte ich feststellen, daß sie sich nicht zu einer konstruktiven Haltung den neuen Verhältnissen gegenüber durchringen konnte. Die eigentlich notwendige Weiterarbeit mit ihr stellte ich zugunsten der Mitarbeiter erst einmal zurück.

Jeder erhielt von mir zwei farblich unterschiedliche Karten, eine *Emotionalkarte* und eine *Sachkarte*. Die Mitarbeiter sollten im Telegrammstil

- auf der ersten Karte drei Gefühle mitteilen, die sie mit ihrem Arbeitsplatz, ihren Kollegen und dem Umfeld in Verbindung brächten, und
- auf der anderen Karte drei Angelegenheiten benennen, die im Fachlichen dringend gelöst werden müßten.

Ich sicherte Vertraulichkeit in jeder Richtung zu; das gab den Ausschlag. Nach der verabredeten Zeit erhielt ich alle Karten zurück. Ich konnte sofort erkennen, daß alle Mitarbeiter beide Karten beschrieben hatten. Ein erster Überblick ergab, daß einige Mitarbeiter nicht nur eine, sondern mehrere Emotionalkarten ausgefüllt hatten, damit ich alles ganz genau erfahre. Eine solche Offenheit hatte ich nicht erwartet. Weiter erkannte ich, daß die Mitarbeiter zwischen emotionalem Befinden und fachlichen Problemen nicht klar trennen konnten. Das empfand ich keineswegs als Mangel, bewies es doch mit aller Deutlichkeit, wie eng die Lösung sachlicher Aufgaben mit Fragen der Kommunikation verwoben ist. Soziologische Erhebungen haben immer wieder bestätigt, daß 60% der am Arbeitsplatz auftretenden Schwierigkeiten dem Bereich der mitmenschlichen Beziehungen zuzuordnen sind und nur 40% den Fachproblemen.

Die Mitarbeiter hatten auf den Emotionalkarten fehlende Motivation und Frust angegeben, aber auch Freude an der Arbeit ausgedrückt. Bemerkenswert schien mir, daß die fehlende Motivation mit mangelnder Kommunikation, mit Vertrauensverlust und ungenügender Zusammenarbeit in Zusammenhang gebracht wurde. Wie ich erfuhr, richteten sich die Aussagen nicht nur gegen die Abteilungsleiterin, sondern auch gegen die Kollegen. Zusätzlich wurde die unzureichende Organisation für die Unzufriedenheit verantwortlich gemacht. Für mich bedeuteten diese Angaben einen weiteren Beweis für die im Mitarbeiterstab vorhandenen Selbsthilfekräfte. Die Befragten hatten von sich aus gemeinsam den Wunsch nach konstruktivem Umgang miteinander sowie nach verbesserter Organisation vorgetragen.

Es gab kein Jammern und kein Klagen, keine Schuldzuweisungen und keinen Ausfall gegen die Abteilungsleiterin. Schwachpunkte in der Zusammenarbeit mit ihr wurden klar benannt. Zu welch guten Analysen sind Mitarbeiter fähig! Das erste greifbare positive Ergebnis war erreicht. Zusätzlich hatte ich durch meine Fragetechnik erreicht, daß sich die Mitarbeiter Befindlichkeiten und Vorgänge bewußt gemacht hatten, so daß sie ihre eigenen Anteile beim Verursachen der ungünstigen Verhältnisse erkennen konnten.

Die Mitarbeiter berichteten mir, daß es ihnen schwer gefallen sei, Probleme im Sachbereich zu benennen. Um so bedeutsamer waren die zutreffenden Schilderungen. Bevor ich die sachlichen Probleme anging, sprach ich ihnen nochmals meine Wertschätzung aus. Ich wendete wieder das Ankoppeln an, um die Aussagen besser verstehen zu können. Bemerkenswert war vor allem die Einschätzung der Mitarbeiter, daß ihr Fachwissen zu wenig oder gar nicht gefragt sei. Diese Deutung der Aussage wäre mir ohne das Rückfragen in Form des Ankoppelns sicher nicht gelungen. Die Formulierung „Bitte keine diktierten Überstunden mehr" bedeutete im Klartext: „Ich besitze so viel Fachverstand, daß ich weiß, was ich wann zu tun habe; soll doch die Abteilungsleiterin erst nachfragen, ehe sie der Meinung ist, ich solle Überstunden machen." Und die Aussage „Unbedingt die Zukunft planen" lautete übersetzt: „Ich weiß, daß sich die Abteilungsleiterin darum zu kümmern hat, welche Schritte zur Zukunftsplanung notwendig sind. Sie soll uns nur alle einbeziehen – wir wissen hierzu wirklich Genaues."
Wieder hatte ich mit systemischen Methoden die Mitarbeiter „aufschließen" und damit die Voraussetzung zur Veränderung schaffen können. In kürzester Zeit hatte ich eine breite Palette an Anhaltspunkten zur Verbesserung des Betriebsklimas und der Arbeitsplätze erhalten.
Ohne ein pauschales Urteil abgeben zu wollen, behaupte ich, daß Rationalisierungen und Sanierungen in Betrieben häufig genau an diesem Punkt auf Schwierigkeiten stoßen: Die Mitarbeiter werden nicht wirklich erreicht. Das Verhalten von Mitarbeitern wird nach den Äußerungen bewertet. In schöner Regelmäßigkeit werden Arbeitskreise bzw. Ausschüsse gebildet und Ergebnisse erarbeitet. Viele Stunden verbringen Menschen in solchen Meetings und Planungsgruppen. Oft sind Mitarbeiter im vorhinein davon überzeugt, daß die Zeit im Arbeitskreis

vergeudet ist. Sie wissen allerdings nur selten, warum sie so empfinden. Wenn die eingeleiteten Maßnahmen scheitern, die Leistungsfähigkeit nicht steigt, die Kosten nicht sinken, das Betriebsklima sich nicht verbessert, sondern häufig sogar verschlechtert, ist die Verwirrung groß, und aus Unkenntnis und Ratlosigkeit greifen die Führungskräfte wieder zu den alten Mitteln – eine wenig Erfolg versprechende Vorgehensweise. Werden Rationalisierungen und Sanierungen indes mit systemischen Methoden angesteuert, sind die Grundvoraussetzungen für wirkliche Veränderungen geschaffen. Deshalb lautet die nächste Erkenntnis:

Mit der Technik des Ankoppelns werden die Mitarbeiter direkt erreicht; danach stellen sie ihre Kompetenz und Kreativität gern in den Dienst des Veränderungsprozesses.

Damit sind wir bei einer nächsten wichtigen Etappe im Umgang mit Menschen am Arbeitsplatz. Einer Führungskraft obliegt die Aufgabe, festzustellen, zu welchen Zielen sich Mitarbeiter bei entsprechender Unterstützung aktivieren lassen. Auch hier geht man gerne davon aus, daß allein die Führungskraft die Ziele bestimmt. Den Mitarbeitern traut man allgemein nicht zu, Ziele, die das erfolgreiche Bestehen des Betriebes sichern, benennen zu können. Ja, Manager gehen häufig davon aus, daß ihre Mitarbeiter fachlich nicht geeignet seien, sich Gedanken über sinnvolle Entscheidungen und Abläufe zu machen. Wer sich jedoch auf den systemischen Standpunkt stellt, weiß, daß überall die gleichen Mechanismen wirken, das heißt: *Manager unterliegen denselben Gesetzmäßigkeiten wie ihre Angestellten!* Mißtrauen, Abwertung, fachliche Unkenntnis oder Ängste lösen auch bei Führungskräften Aktionen aus, die nicht zu den gewünschten Zielen, z.B. Umsatzsteigerungen, führen. Ist sich die Führungskraft der Vorgänge in sich selbst bewußt, kann sie

sich selbst ganz anders einbringen. Vor allem können Führungskraft und Mitarbeiter auf einer anderen Ebene zusammenarbeiten.
Ziele *gemeinsam* mit Mitarbeitern zu setzen heißt wiederum ankoppeln. Mit dieser Methode können die Ziele gefunden werden, die dem Betrieb dienen. Die Führungskraft muß nur den Schlüssel dazu kennen: das positive Umdeuten.

Die zweite Seite der Medaille

Generell üben wir uns täglich darin, Probleme mit negativen Begriffen zu beschreiben. Beachten Sie Ihre eigene Wortwahl: Wie oft gebrauchen Sie Worte wie „Es ist ein neuer Konflikt entstanden", „Der ist wieder durchgedreht und macht die anderen an", „Ich habe viel zuviel zu tun, was mir alles zugemutet wird!", „Jetzt gibt es schon wieder eine neue Software, die wissen ja selber nicht, was sie wollen" usw. usw.
Haben Sie schon einmal darüber nachgedacht, daß hinter jedem negativen Begriff, der entweder einen Mitarbeiter oder eine Situation am Arbeitsplatz beschreibt, sozusagen auf der anderen Seite ein positiver Begriff „warten" könnte? Wir leben in der Polarität von gut und böse, Tag und Nacht, heiß und kalt. Also muß es so sein, daß auch zu Konflikt, Verwirrung, Überlastung und Ängstlichkeit bzw. Unsicherheit eine Kehrseite, ein Pendant existiert. Es geht darum, die Begriffe umzudeuten. Das Fachwort hierfür lautet „Re-framing" – den Dingen einen neuen, positiven Rahmen geben.
Für mich war das Kennenlernen und die Anwendung des Re-framings, der Erkenntnis, daß jedes „negative" Verhalten am Arbeitsplatz eine genau entgegengesetzte, eine positive Komponente hat, eine der größten Überraschungen in meiner Ausbildung als systemische Organisationsberaterin. Der Grundsatz lautet:

Der Schlüssel, Ziele am Arbeitsplatz zu realisieren, liegt darin, jedes sogenannte „negative“ Verhalten eines Mitarbeiters positiv umzudeuten und ihm gegenüber auch so zu benennen.
Um deutlich zu machen, was damit gemeint ist, nutze ich einige Nennungen auf den Sachkarten, die ich zuerst nur „negativ“ deute:

„Bitte keine diktierten Überstunden mehr"	Konflikt
„Zu wenig Verständigung mit Mitarbeitern über Probleme"	Verwirrung
„Überlastung"	Überbelastung
„Die Technik ist oftmals zu kompliziert, müßte vereinfacht werden"	Ängstlichkeit, Unsicherheit

Betrachten wir nun die vier Deutungen und versuchen, „die zweite Seite der Medaille“ aufzuspüren.
Der *Konflikt* scheint einfach zu lösen: Die Abteilungsleiterin diktiert keine Überstunden mehr. Doch die Ursache für die Überstunden fällt damit nicht weg. In unserem Falle erreichte ich mit Hilfe der Technik des *Ankoppelns* eine positive Umdeutung des Begriffs *Konflikt* in *Bereitschaft zur Auseinandersetzung*. Damit weckte ich das Engagement der Mitarbeiter und ermutigte sie, sich dem Thema der Bewältigung der Arbeitslast zu stellen. Der Erfolg gab mir recht: Durch Änderungen in der Organisation müssen tatsächlich keine Überstunden mehr geleistet werden!
Weitere positive Umdeutungen zum Begriff Konflikt sind: Richtungswechsel, Klärung, Kontaktpflege bzw. Kontaktaufnahme, Bereitschaft zur Auseinandersetzung, Engagement.

Lassen Sie uns die weiteren Nennungen der Mitarbeiter mit Hilfe der positiven Umdeutung interpretieren. In der Aussage „zu wenig Verständigung mit Mitarbeitern über Probleme“ offenbart sich die *Verwirrung* des Betroffenen, der fürchtet, mit den Problemen alleine nicht fertig werden zu können, also auch Ängstlichkeit und Unsicherheit. Wenn wir dies positiv umdeuten, läßt uns der Autor des Zitats wissen, daß er Klarheit schätzt. Er besitzt Offenheit (sonst hätte er eine solche Aussage nicht gewagt) und signalisiert die Bereitschaft, neue Wege zu gehen. Zugleich schützt er sich: „Weiter kann ich nicht allein.“ Er bietet Vorgesetzten und Kollegen an: „Laßt uns gemeinsam Lösungen finden.“ Unklug, wer das nicht nutzt! Ich habe erreicht, daß sich die Mitarbeiter seither direkt und ohne Scheu über ihre Probleme unterhalten und selbständig zu erstaunlichen Lösungen finden. Von diesen berichtet man mir mit Stolz.
Positive Umdeutungen des Begriffs „Verwirrung“ sind also: Suche nach Klarheit, Offenheit für neue Wege, Schutz vor Überforderung.
Überlastung ist der objektive Begriff, *Überbelastung* das subjektive Empfinden. Wie kann sich die Führungskraft die Überbelastung eines Mitarbeiters zunutze machen? Der Mitarbeiter zeigt sich mutig und gibt zugleich ein Warnsignal. Er weiß um seine Kraft, doch er schützt sich vor neuer Arbeit oder neuen Themen. Gut, dann soll dieser Mitarbeiter genau aufzeigen, wann, wo, in welchem Zusammenhang bei ihm das Gefühl der Überbelastung auftaucht. Ich konnte mit der Fragetechnik des Ankoppelns und der positiven Umdeutung organisatorische Änderungen erreichen, die die Mitarbeiter unterstützen und die damit dem Betrieb zugute kommen.
Positive Umdeutungen des Begriffes Überbelastung könnten also sein: Bekennermut, Warnung vor drohender Überforderung bei gleichzeitigem Bewußtsein des eigenen Kraftvolumens.

„Die Technik ist oftmals zu kompliziert, müßte vereinfacht werden“. Deutlicher kann kein Mitarbeiter seine *Ängstlichkeit* und *Unsicherheit*, mit Technik umgehen zu müssen, ausdrücken. Es ist möglich, daß die eingesetzte Technik tatsächlich zu kompliziert ist. Das kann objektiv geprüft werden. Zunächst einmal muß jedoch untersucht werden, ob und inwieweit der Mitarbeiter vor Gefahren geschützt werden kann, wenn er weiterhin mit der Technik umgehen muß, ehe tatsächlich Unliebsames am Arbeitsplatz geschieht. Er bittet dringend darum, daß sich andere um ihn kümmern! Vielleicht benötigt er eine Bestätigung, eine Anerkennung, daß er die Technik am Arbeitsplatz gut einsetzt. Mit seiner Aussage bekundet der Mitarbeiter zugleich, daß er seinen Arbeitsplatz im gewohnten Rahmen weiter ausfüllen will. In unserem Betrieb fanden wir gemeinsam heraus, daß bestimmte Mitarbeiter zusätzliche Schulungen benötigten. Anderen Mitarbeitern konnten Aufgaben zugeteilt werden, die nicht die ständige Bedienung der Technik erfordern.

Die positive Umdeutung der Begriffe *Ängstlichkeit* und *Unsicherheit* lauten: Rechtzeitige Warnung vor möglichen Gefahren für Angestellte oder vor Fehlern von Angestellten, Bitte um Betreuung.

Die Chance liegt also darin, den Mitarbeitern durch einfühlsame Gespräche klarzumachen, daß sie selbst ihre negativen Aussagen als günstigen Ausgangspunkt für eine gewünschte Änderung umdeuten können. Ich erzielte damit die besten Resultate!

An den wenigen Beispielen wird deutlich, welch wertvolle Hilfe die Mitarbeiter mit ihren Aussagen geleistet haben. Mit der beschriebenen Technik habe ich auch alle anderen Nennungen der Mitarbeiter aufgearbeitet und inzwischen viele gute Ergebnisse im Betrieb erzielen können.

Weitere Faktoren

In einem Betrieb zählen Rangfolge und Rangordnung zu den allgemeingültigen Faktoren, die zu beachten sind, wenn man einen guten Kommunikationsfluß und damit gute Arbeitsergebnisse erzielen möchte. In diesem Kapitel würde eine Demonstration der Firmenhierarchie tatsächlich zu weit führen. Es sei jedoch darauf hingewiesen, daß die Mitarbeiter in meinem Betrieb erst jetzt, ein Jahr nach Beginn der gemeinsamen Arbeit, damit anfangen, die Rangfolge innerhalb ihrer Gruppe neu festzulegen, und zwar mit Hilfe der systemischen Fragetechnik. Rangfolge und Rangordnung sind insofern von Bedeutung, als die Stellvertreterin in den wohlverdienten Ruhestand gegangen ist und ein Nachfolger gefunden werden muß. In diesem Prozeß befinden wir uns derzeit. Mit der Rangfolge ist die Akzeptanz verbunden, die der neue Abteilungsleiter haben wird. Wir stecken derzeit mitten in diesem Entwicklungsprozeß.

Da ich den Weg ohne externen Berater alleine gehen mußte, gestaltete er sich langwierig und kräftezehrend. Vor allem durfte ich manche Wahrnehmungen nicht verwerten, wollte ich das in mich gesetzte Vertrauen nicht aufs Spiel setzen. Die Mitarbeiter kennen die Arbeitgeberfunktionen genau. Sie wollen und werden nicht Gefahr laufen, mit ihren Äußerungen arbeitsrechtliche Konsequenzen heraufzubeschwören. Ein externer Berater hat diese Probleme ganz einfach nicht.

Erfolg und Vorausschau

Die Einzelerfolge, die ich durch die systemischen Methoden erzielen konnte, sind bereits sichtbar geworden. Ich habe einen ganzheitlichen Prozeß begonnen. Dazu gehören auch Freude und Lachen; ich lache sogar „öffentlich" über mich selbst, doch zugleich achte ich auf äußerste Konsequenz in meinen Reaktionen und Handlungen. Eine Mitarbeiterin drückte sich unter Zustimmung aller so aus: „Sie wissen ja, wir lachen gerne mit Ihnen, und wir mögen Sie auch gern, das wissen Sie auch, aber keiner von uns möchte mit Ihnen einmal im Clinch liegen. Wir glauben nämlich, daß Sie konsequent und unerbittlich sein können.“ Ich habe mir den Satz nicht nur wegen des Komplimentes gemerkt, sondern auch und vor allem, weil ich darüber hinaus ein Signal für mich erkannte. Es war die Erwartung an mich, daß ich mich stets konsequent und klar verhalte. Denn nur dann können sich die Mitarbeiter auf meine Verläßlichkeit stützen. In diesem Rahmen bewegen sie sich frei und zufrieden. Konsequentes Verhalten von Vorgesetzten schafft Sicherheit für den einzelnen und für die Gruppe.

Zu meiner konsequenten Führung im Sinne des Funktionierens unseres Organismus gehörte auch eine deutliche Entscheidung in bezug auf die Abteilungsleiterin. Alle Versuche sind gescheitert, sie in ihrer Position zu halten, zu stärken und ihr den Weg zu einer befriedigenden Stellung zu ebnen. Sie stellte sich offen gegen mich, indem sie einige meiner Entscheidungen bei den Mitarbeitern negativ kommentierte, Weiterentwicklungen blockierte usw. usw. Meine Bemühungen um sie sind deshalb gescheitert. Als die Sachlage deutlich zu Tage trat, blieb mir nichts anderes übrig, als konsequent ihre Ablösung zu betreiben. Es gelang mir, sie einer anderen Abteilung unserer Firma zuzuteilen, wo ihre Stärken dringend gebraucht werden und ihre Schwächen nicht schaden.

Den Tag, an dem die Versetzung bekannt gemacht und vollzogen wurde, werden die Mitarbeiter wohl nicht vergessen. Sie waren schockiert! Ich ließ zwei Tage verstreichen, dann besprach ich die neu festgelegten Kompetenzen. Meine Mitarbeiter besitzen inzwischen so viel Vertrauen zu mir, daß sie sich bei mir erkundigten, ob und welche arbeitsrechtlichen Konsequenzen eintreten werden, jedoch nicht in Sorge um die frühere Vorgesetze, sondern um einschätzen zu können, ob ich mich selbst an meine Regeln gehalten habe. Seit alle wissen, daß kein Unrecht geschehen ist, sondern ein Stück Gerechtigkeit hergestellt wurde, stimmt die Welt der Mitarbeiter wieder. Ganz offen formulierten sie ihre Hoffnung und Erwartung, daß wir „nun endlich richtig" beginnen könnten!

Wie aufgezeigt, ließen sich viele Einzelprobleme mit Hilfe systemischer Methoden schnell und treffsicher lösen. Das Betriebsklima hat sich deutlich verbessert. Es herrscht die Ruhe, die erfolgreiches Arbeiten ermöglicht.

Ich habe die Anwendung systemischer Lösungen nach meinen in der Vorbemerkung dargestellten Erfahrungen nicht ein einziges Mal bereut. Noch nie bin ich so schnell zu Ergebnissen gekommen, die wohl nicht ohne Grund ermutigend sind. Mir ist bewußt, daß wir weiterhin in einem nicht endenden Prozeß stecken, dessen Entwicklung ständig, täglich gesteuert, beobachtet und eingeschätzt werden muß. Es ist ein ganzheitlicher Prozeß, auf dessen Weitergang auch ich gespannt bin.

Meine Ausbildung als systemische Organisationsberaterin erhielt ich bei ptz cormann kompakt, Weiterbildungszentrum für systemisch-integrative Konzepte, Lindau/Bodensee

Fallbericht

Ich arbeitete seit drei Jahren in einem mittelständischen Unternehmen, davon war ich ein dreiviertel Jahr im Außendienst und den Rest der Zeit im Innendienst. Zum besseren Verständnis der Problematik stelle ich kurz meinen Werdegang in der Firma, sowie die Situation der Beteiligten vor.

Der damalige Geschäftsführer erwarb die Firma von einem älteren Ehepaar, das sich (angeblich) zur Ruhe setzen wollte. Bis er eingearbeitet war, stellte er die ehemaligen Inhaber als Berater ein. Als ich meine Tätigkeit aufnahm, war diese Einarbeitungszeit noch nicht zu Ende, so daß ich nicht eine, sondern drei Personen als Geschäftsleitung anzusehen hatte. Mir wurde vermittelt, mein Gebiet sei zwar „schwierig“, berge aber ein großes Potential. Die Umsatzzahlen, die ich zu erreichen habe, seien daher leicht zu verwirklichen.
Mit meinem Eintritt in die Firma als Außendienstmitarbeiter wurden die Gebiete neu verteilt. Mein Gebiet setzte sich aus Teilen zusammen, die zuvor andere, schon lange in der Firma tätige Mitarbeiter bearbeitet hatten. Ein Teil war von der ehemaligen Geschäftsführerin betreut worden. Durch geschickte Verhandlungen war es den Kollegen, die Teile ihres Gebietes an mich verloren hatten, gelungen, sich alle Kundenanfragen aus diesen „ehemaligen“ Gebieten für weitere drei Monate zu sichern, so daß ich in dieser Zeit keine Kundenanfragen bearbeiten und damit auch keine Aufträge schreiben konnte. Die ehemalige Geschäftsführerin nahm dasselbe für sich in Anspruch: Auch aus ihrem Gebiet bekam ich in dieser Zeit keine Anfragen und durfte dieses Gebiet ebenfalls nicht bearbeiten. So beschränkte sich die Akquise der ersten drei Monate auf ein eher unbedeutendes Gebiet im ländlichen Bereich, und ich „putzte Klinken“.
An diese drei Monate schloß sich die Weihnachtszeit an und damit zwei in dieser Branche übliche Flautenmonate, so daß ich, die Einarbeitungszeit mit eingerechnet, über ein halbes Jahr lang beim besten Willen nicht annähernd das vorhergesagte, so leicht zu erreichende Umsatzziel erreichen konnte. Da dies dem Geschäftsführer klar sein mußte, wunderte ich mich, als er mich mitten in dieser Flautenzeit zu sich rief und

sich sehr besorgt über meinen schlechten Umsatz zeigte. Insbesondere die Beraterin, so ließ er mich wissen, habe sich, als ihr die aktuellen Umsatzzahlen vorgelegt worden seien, sehr über mich entrüstet. Das könne wirklich so nicht weitergehen! Mein Hinweis darauf, daß mir mein Gebiet ja erst seit zwei Monaten offenstehe und der Winter nie umsatzstark sei, ließ er merkwürdigerweise nicht gelten. Ganz offensichtlich hatte ihn die Beraterin stark verunsichert. Sie schien überzeugt davon, daß ich als Außendienstmitarbeiter nichts tauge und baute Druck auf. Es half mir nichts, daß ich inzwischen gute Verkaufszahlen lieferte, ja einmal sogar die besten Ergebnisse von allen Außendienstlern erzielt hatte, der Geschäftsführer beugte sich schließlich dem steten Druck der Beraterin. Um mich nicht kündigen zu müssen, bot er mir eine Stelle im Innendienst an.

Durch diesen Wechsel befand ich mich von nun an im näheren Umfeld des Beraters. Er zeigte sich freundlich, kompetent und humorvoll, signalisierte Hilfe bei Problemen aller Art, und es sah so aus, als sei nun alles im wesentlichen in Ordnung. Leider hielt dieser Zustand nicht lange an. Zunehmend zeigte sich, daß mir nicht selten Aufträge, die ich vom Geschäftsführer erhalten hatte, nach kurzer Zeit wieder weggenommen wurden. Dann fiel mir auf, daß gerade für die Projekte, dir mir vom Geschäftsführer übertragen worden waren, ganz überraschend der Etat gestrichen wurde. Eine Zeitlang machte mich der Geschäftsführer glauben, daß es sehr gute Gründe für solche plötzlichen Kurswechsel gab, aber bald schon stellte sich heraus, daß dies alles vom Berater betrieben wurde. Er schien in seiner alten Firma immer noch mehr Macht zu haben als der neue Inhaber. Oftmals konnte ich einen Auftrag deshalb nicht oder nicht rechtzeitig zu Ende führen, weil auf sein Betreiben etwas geschah, was meine Arbeit so blockierte, daß ich viel langsamer als geplant vorankam. So „lieh“ er sich ohne Vorankündigung Mitarbeiter meines Teams aus, die dann etwas anderes tun mußten, z.B. auch seinen Wagen waschen, oder er bestand darauf, ein im Grunde unwichtiges Detail müsse wesentlich verbessert werden. Auch verstand er es immer geschickt, alles zu vermeiden, was Klarheit und Übersicht hätte schaffen können.

Ein einziges Mal hatte ich wirklich Erfolg. Die Firmenleitung hatte es versäumt, den Stand für eine wichtige Messe zu planen, und als ich aus dem Urlaub kam, blieben genau 10 Tage Zeit für die Umsetzung dieses Projekts. Diesmal wagte keiner, mich zu stören! Der Messestand war ein voller Erfolg, doch danach wurde ich in gewohnter Manier ausgebremst.

Der Geschäftsführer zeigt sich mir gegenüber vertraulich und freundschaftlich, und so beklagte ich mich ihm gegenüber offen über meine unerträglichen Arbeitsbedingungen, besonders aber über das Verhalten des Beraters. Er beschwichtigte mich immer wieder, und mir wurde klar, daß er gegen den Berater einfach nicht ankam. Ich kann mich heute nur wundern, wie lange ich diesen Zustand ertrug.

Die wiederkehrenden Frustrationen, das lähmende Gefühl, sobald ich die Firma betrat, und das schlechte Betriebsklima veranlaßten mich, eine Systemaufstellung zu machen. Ich benötigte dringend eine Orientierungshilfe, wollte sehen, was hinter alledem steckte, um mehr Klarheit über meine Arbeitssituation und meine Position zu bekommen. Was für ein Spiel wurde in dieser Firma gespielt, und gab es überhaupt einen Ausweg für mich? Würde ich eine Lösung innerhalb der Firma finden, oder mußte ich mir eine neue Stelle suchen?

In der Aufstellung stellte ich mich (wegen seines freundschaftlichen Verhaltens) neben den Geschäftsführer:

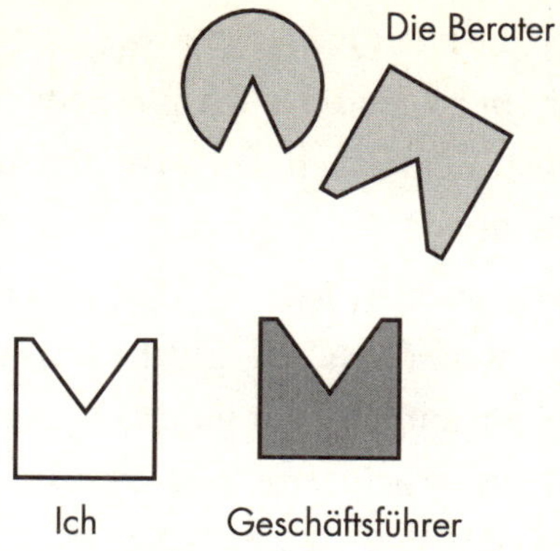

Das Double des Geschäftsführers empfand meine Position als angenehm, während die Doubles der Berater heftigen Ärger über meine Nähe zum Chef zum Ausdruck brachten. Meinem Double ging es schlecht. Die Dynamik war rasch klar. Meine freundschaftlichen Gefühle zum Geschäftsführer hatten mich veranlaßt, für ihn Position zu beziehen und mich stützend neben ihn zu stellen. So war ich sein Verbündeter gegen die beiden mächtigen Berater. Andererseits diente ich bei Konflikten als Kugelfang, denn wenn er nur einen Schritt zurücktrat, geriet ich durch meine Stellung in die Schußlinie zwischen ihm und den Beratern.
Das war mir neu. Ich war für den Geschäftsführer also nicht allein wegen meines Arbeitseinsatzes und vielleicht noch wegen seiner Sympathie für mich wichtig, sondern ich hatte unbewußt eine wichtige Rolle in der Geschäftsleitung eingenommen: Ich stand ihm als Verbündeter gegen die Berater zur Verfügung, und seine Konflikte mit ihnen konnte er einfach auf mich abwälzen. Ich begann zu verstehen, warum ich in der Firma immer wieder in für mich unlösbare Situationen geriet.
Die Therapeuten probierten daraufhin mehrere mögliche Positionen für mich aus, aber ich mußte feststellen, daß es keine Position gab, die wirklich gut für mich war. Diese Erkenntnis schockierte mich, und ich

brauchte etwas Zeit, um mich zu fangen. Mit wurde klar, daß meine Tage in der Firma gezählt waren. Da ich für einen Stellenwechsel Zeit brauchte, bat ich die Therapeuten um eine Position, die von allen schlechten noch die beste sei.

Sie stellten mich ganz nach hinten und den Geschäftsführer mit den Beratern nach vorne. Kaum war das geschehen, hörte der Streit der Berater um meine Person auf, und mir ging es besser. Doch jetzt begannen sie erbittert um die Machtverteilung in der Geschäftsleitung zu kämpfen. Für das Double des Geschäftsführers war mein Weggehen hingegen eine herbe Enttäuschung.

Mit dem inneren Bild dieser neuen Position kehrte ich in den Alltag der Firma zurück, und indem ich diese neue Position einnahm, verlor ich tatsächlich zunehmend die Sympathie des Geschäftsführers, ganz ähnlich wie es sein Double schon gezeigt hatte. Ich suchte aktiv nach einer neuen Arbeitsstelle.

Der Konflikt in der Geschäftsleitung, den die Aufstellung angedeutet hatte, zeigte sich immer offener. Die drei Chefs waren völlig zerstritten. Ja, die Berater zogen ganz offen in Gegenwart der Mitarbeiter über den Inhaber her. Natürlich war dieser unter diesen Bedingungen nicht mehr in der Lage, die Geschicke der Firma zu lenken. Die Lage spitzte sich immer mehr zu, und nur wenige Wochen nach meinem Weggang meldete die Firma den Konkurs an.

Kapitel 10

Es muß nicht immer Familienstellen sein

Erlaube dir, dich innig mit all deinen Teilen zu verbinden.
Frei zu sein, verschiedene Möglichkeiten zu haben
und diese auch frei und kreativ zu nutzen.
Zu wissen, daß alles, was in der Vergangenheit war,
das Beste war, das wir tun konnten,
weil wir es nach bestem Wissen und Gewissen getan haben.
Es war das Beste, zu dem unser Bewußtsein in der Lage war.
Da wir danach streben, mehr zu wissen, bewußter zu sein,
wird auch unsere Verbindung zu uns selbst stärker.
Und indem wir unsere Verbindung zu uns selbst stärken,
können wir auch Verbindungen zu anderen herstellen.[21]

Virginia Satir

Manchmal formulieren Klienten Ziele, die sie nicht durch eine Aufstellung erreichen würden. In diesem Fall stehen uns andere Gruppentechniken aus dem systemischen Werkzeugkasten zur Verfügung. Einige der wichtigsten wollen wir in diesem Kapitel vorstellen.

„Zwei Seelen wohnen, ach! in meiner Brust" – Die Arbeit mit Aspekten

Nicht nur Faust litt darunter, daß zwei intrapsychische Aspekte in entgegengesetzte Richtungen strebten: *„Die eine hält in derber Liebeslust* *sich an die Welt mit klammernden Organen; die andere hebt gewaltsam sich vom Dust (Nebel) zu den Gefilden hoher Ahnen.*" (J.W. v. Goethe, Faust I) Unseren Klienten geht es oft ganz ähnlich, wenngleich sie ihre Zerrissenheit meist weniger poetisch zum Ausdruck bringen. Wir Therapeuten wissen, daß es sich dabei um Anteile der Seele handelt, die nicht oder nur ungenügend miteinander kommunizieren, und deshalb schlagen wir vor, diese Aspekte ins Gespräch zu bringen. Wir ermöglichen diesen damit, sich auszudrücken.

Auch diese wunderbare therapeutische Intervention haben wir Virginia Satir zu verdanken. Sie setzte das Wissen, daß wir intrapsychisch aus verschiedenen Aspekten bestehen (siehe Kapitel 3), in einen Gruppenprozeß um und nannte ihn „Parts Party", das Fest der Teile. Im Gegensatz zur klassischen „Parts Party", bei der bis zu 40 Aspekte eines Menschen durch Stellvertreter verkörpert und miteinander in Kommunikation gebracht werden, sind wir im Rahmen des Familienstellens bescheidener. Je nachdem, was der Klient im Eingangsgespräch als Zielvorstellung vorbringt, benennen wir die inneren Anteile, die miteinander im Clinch liegen. Da mag der Intellekt mit dem Gefühl streiten, der konservative Teil mit dem risikofreudigen, der vernünftig kalkulierende mit dem spontan genußfreudigen. Meist genügen drei bis acht Aspekte, für die sich der Klient Stellvertreter aussucht. Darüber hinaus stellen wir oft bestimmte Faktoren des äußeren Lebens ins Bild, um herauszufinden, wie sie die intrapsychische Dynamik beeinflussen. Das können eine chronische Krankheit sein oder der Beruf, bei Landwirten der Bauernhof, bestimmte Gesellschaftsstrukturen wie die Kolonialgesellschaft oder die Kirche. Wir haben sogar schon Gott und Jesus aufgestellt, wohlgemerkt immer als Faktoren, die das Innenleben beeinflussen.

Der Klient stellt seine intrapsychische Situation genauso auf wie die Familie. Schon aus der Aufstellung kann er eine Menge über sich erfahren. Welcher seiner Aspekte steht im Vordergrund? Erhält ein Aspekt auf Kosten anderer viel Raum? Wo steht das Ich? Wer bestimmt eigentlich, welcher Aspekt handeln darf?

Ich erinnere mich an einen Mann, der am Alltag verzweifelte. Beruflich war er höchst erfolgreich, ein gesuchter Spezialist, doch im Privatleben gab es häufig Ärger: Seine Mitmenschen beklagten sich über seine heftigen emotionalen Reaktionen. In der Schulzeit hatte er es mit Leichtigkeit geschafft, der Beste seines Jahrgangs zu werden, und da seinem Intellekt nichts zu kompliziert schien, hatte er das Interesse an ihm verloren. Statt dessen konzentrierte er sich ganz auf seine Gefühle, auf deren Reichtum er stolz war. Es hätte alles wunderbar sein können, wären da nicht seine Mitmenschen, mit denen er unweigerlich in Konflikt geriet.

Wir einigten uns darauf, die an den Schwierigkeiten hauptsächlich beteiligten inneren Aspekte aufzustellen. Gemeinsam benannten wir die Akteure: eine Stellvertreterin für seine Emotionen, eine für seinen Intellekt, einen Stellvertreter für den Alltag mit seinen Schwierigkeiten und ein Double für sich. Er stellte das innere Bild folgendermaßen auf:

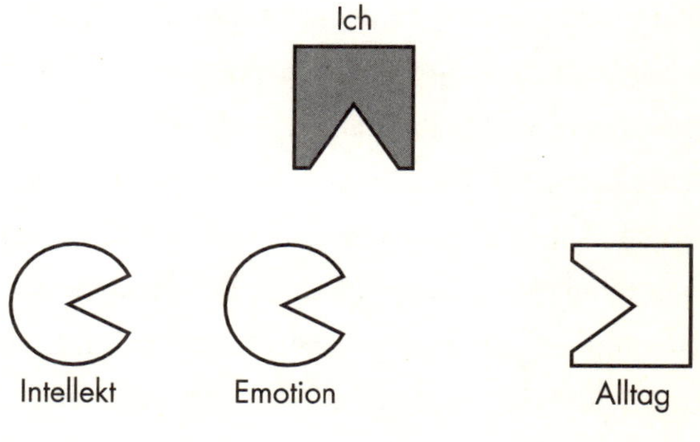

Die Stellvertreterin für die Emotionen fühlte sich ausgezeichnet und nahm den Intellekt nicht wahr. Die Frau, die den Intellekt darstellte, begann nach kurzer Zeit unruhig zu werden und beklagte sich, daß die Emotion ihr überhaupt keine Chance lasse. Der Alltag stand, seiner Macht bewußt, grinsend da und schaute gelassen zu. Das Ich im Abseits hielt sich aus dem Wettstreit der beiden Aspekte völlig heraus. Auf meine Frage, wer denn hier der Steuermann sei, stutzte der Klient. Plötzlich wurde ihm klar, daß er den Regiesessel seinen Emotionen völlig überlassen hatte. Er reagierte auf jede Situation in erster Linie emotional und versuchte, für alle Probleme emotionale Lösungen zu finden. Ihm war bis jetzt nicht bewußt gewesen, daß er auf jeden Kontext gleich reagierte – immer nur mit dem Gefühl!

Natürlich wußte er, daß sein Ich die Regie zu übernehmen hatte, und so stellte er sich an den Platz der Emotion, nahm sie an seine linke und den Intellekt an seine rechte Seite. Der Intellekt war überglücklich, und die Emotion gab sich mit dem kleineren Anteil zufrieden. Der Klient verstand, daß er als Steuermann je nach Situation entweder mit dem Verstand, mit dem Gefühl oder mit einer Mischung beider Aspekte reagieren konnte.

Wir deuteten den Alltag als Herausforderung für kontextbezogenes Reagieren und als gutes Übungsfeld dieser Fähigkeit positiv um (Re-framing). Der Klient hielt seine beiden Aspekte glücklich im Arm, bereit, die Herausforderung anzunehmen.

Wenn Klienten schlimme Geschichten erlebt haben, fragen wir oft, welche Eigenschaften ihnen beim Überleben geholfen haben. Häufig werden Mut, Durchhaltevermögen oder auch Fröhlichkeit genannt. Wir bieten dem Klienten an, für einen dieser Aspekte einen Stellvertreter zu suchen. Dieser Mensch begleitet ihn durch die gesamte Aufstellung, hält ihn, wenn er gehalten werden will, stützt und tröstet ihn. Dies wird als große Hilfe empfunden.

Wir erinnern uns gut an eine junge Frau, die als Kind mißbraucht worden war. Sie weinte schon bei der Vorstellungsrunde und zeigte große Angst. Uns war klar, daß sie für eine Aufstellung viel zu labil war. Wir bauten ihr aus Autositzfellen und Kissen ein weiches Nest, in das sie sich kuschelte. Dann fragten wir sie nach inneren Anteilen, die ihr geholfen hätten, ihr Leben zu bewältigen. Sie zählte acht Aspekte auf und gruppierte sie schützend um sich. Die Stellvertreter der Aspekte sagten ihr, was sie für sie leisteten, und plötzlich wurde ihr klar, daß sie nicht mehr nur das kleine mißbrauchte Mädchen war, sondern daß diesem Kind eine erwachsene Frau mit vielen Fähigkeiten zur Seite stand: sie selbst! Diese Einsicht beglückte sie ungemein, und sie wagte es im Kreise ihrer Fähigkeiten, erstmals vor einer Gruppe über den Mißbrauch zu sprechen. Ihr glückliches Strahlen beschenkte alle Teilnehmer bis zum Ende des Kurses.

Immer öfter stellen wir die intrapsychischen Aspekte des Klienten auch in sein Familiensystem hinein, damit klar wird, welche Rolle sie für die Dynamik spielen. Chronisch Kranke realisieren oft erst durch das Aufstellungsbild und die Rückmeldungen der Doubles, welch zentrale Rolle die Krankheit in ihrer Familie spielt. Der Klient kann darüber hinaus erkennen, was die Krankheit für ihn tut, wenn wir deren Stellvertreter aus dem Bild nehmen. Ich erinnere mich an einen schwer depressiv Erkrankten, dem die Depression den Blick auf seine Herkunftsfamilie völlig verstellte. Sobald die Depression aus dem Bild herausgenommen wurde, mußte er sich mit seinem Schicksal auseinandersetzen. Er erkannte, daß die Depression ihn vor dem Schmerz schützte, und konnte das Symptom als Freund nutzen, statt es als Feind zu bekämpfen.

Wir haben im Laufe der Jahre immer wieder erlebt, daß die Klienten selbst am besten wissen, was ihnen guttut und weiterhilft. So greifen wir Anregungen, die unsere Klienten einbringen, gerne auf und bauen sie in die Aufstellung ein. Immer wieder träumen Teilnehmer vor den Seminaren und erzählen diese Träume, und so erhalten wir wertvolle Hinweise. Als also einer unserer Klienten, der seine Arbeitssituation aufstellen wollte, einen für ihn höchst beunruhigenden Traum erzählen wollte, hörten wir aufmerksam zu. Obwohl wir damit Neuland betraten, beschlossen wir, ein Traumbild in seine Aufstellung zu integrieren. Die wichtigste Rolle in diesem Traum spielte ein kleiner schwarzer Fleck auf seinem weißen Hemd, ein allen sichtbarer Makel. Der Klient suchte sich Stellvertreter für seine Arbeitskollegen und für den schwarzen Fleck, und zu seiner Überraschung war es der schwarzen Fleck, der die zentrale Rolle spielte. Er kontrollierte alle Beziehungen und war entscheidend daran beteiligt, jeden beruflichen Erfolg zu verhindern. Aus seinem Genogramm wußten wir, daß sich sein Vater und sein Bruder erschossen hatten. Nach Auffassung des Klienten hatten sie Schande über die Familie gebracht. Es lag nahe, daß der schwarze Fleck die Schande der Familie symbolisierte. Der Klient bestätigte dies und sagte, daß diese Schande wie ein Kainsmal auf ihm laste. Er habe so schwer daran zu tragen, daß der Erfolg ihn meide. Er brach in erleichtertes Gelächter aus, als wir ihn daran erinnerten, daß sich der schwarze Fleck im Traum nur auf dem Hemd, nicht auf der Stirn befunden habe. Es war nicht seine Schande, denn ein Kleidungsstück ist auszuwechseln. Danach griff er unseren Vorschlag auf, an seiner Herkunftsfamilie weiterzuarbeiten.

Auch den Widerstand gegen den Therapieprozeß haben wir schon häufig mit ins Bild stellen lassen. Er äußert sich unterschiedlich, zuweilen als nebliges Gefühl im Kopf, als plötzliche Unlust oder darin, daß der Klient lieber mit den Therapeuten über den Prozeß diskutieren möchte, als sich emotional auf ihn einzulassen. An der Position dieses Gefühls kann der Klient erkennen, was der Widerstand für ihn tut. Widerstände haben ihre Berechtigung. Wenn sie ernst genommen werden, geben sie häufig nach und blockieren den Prozeß nicht weiter. Werden sie aufrechterhalten, ist das für uns ein wichtiger Hinweis, daß der Klient eine so große Veränderung noch nicht verkraftet. Wir erarbeiten dann einen kleinen Schritt, der vielleicht nicht den ganz großen Durchbruch schafft, doch auf jeden Fall eine Verbesserung der Lebensqualität. Alexander vergleicht solche Mikroschritte gern mit einer Briefmarke, ohne die kein noch so wichtiger Brief seinen Bestimmungsort erreicht. Der kleine Schritt mag die große Veränderung auf den Weg bringen.

Fruchtbare Arbeit ist nur im Einklang mit der Seele möglich und kann nicht erzwungen werden. Häufig bitten wir unsere Klienten um Verständnis für sich selbst, wenn wir merken, daß sie sich zu viel zumuten wollen. Dann erzählt Christiane meist ein Beispiel, mit dem ihre verehrte Lehrerin und Therapeutin, die Psychologin Margitta Jäger, sie bremste: „Sehen Sie, Sie haben in sich viele Marienkäferchen mit ganz vielen Punkten, die sind sehr schnell und erstaunlich klug. Doch da gibt es auch noch Käferchen mit nur einem oder zwei Punkten, und die können mit dem Tempo der schnellen Käfer einfach nicht Schritt halten. Geben Sie denen eine Chance?"

Es ist dem Klienten nicht damit gedient, wenn wir Therapeuten zu wissen meinen, was gut für ihn ist, und ihn mehr oder weniger sanft dorthin bugsieren. Deshalb stellen wir auch *keine* Lösungsbilder für unsere Klienten auf, sondern erarbeiten jeden Schritt *gemeinsam* mit ihnen. Das ist zwar anstrengend für alle Beteiligten und dauert seine Zeit, doch wir haben damit die Kontrolle, daß der Schritt, den wir gemeinsam erarbeiten, nicht nur die Hypothese der Therapeuten beweist, sondern wirklich im Interesse des Klienten liegt. Immer wieder erhalten wir die Rückmeldung, daß in der Aufstellung erarbeitete Schritte zu einer wirklichen Veränderung im Alltagsleben und zu einer Verbesserung der Lebensqualität führen, und das allein ist wichtig.

Double-Binds – Eindeutigkeit

Im zweiten Kapitel haben wir die sogenannten Double-Binds oder Doppelbotschaften schon kurz erwähnt. Bei diesem *unbewußten Kommunikationsmuster* werden zwei Botschaften, die sich genau widersprechen, gleichzeitig gegeben. Beim klassischen Double-Bind besteht der Widerspruch zwischen der verbalen und der nonverbalen Äußerung, das heißt, daß die Worte, die jemand spricht, im Gegensatz zu seiner Körpersprache stehen. Um diese gar nicht so seltene Kommunikationsstruktur zu verdeutlichen, lassen wir ihren Entdecker, Gregory Bateson, der dieses Phänomen in den fünfziger Jahren des zwanzigsten Jahrhunderts durch seine Forschung über die Ursachen der Schizophrenie entdeckte, zu Wort kommen. Er schildert folgende Double-Bind-Situation:

„Ein junger Mann, der sich von einem akuten schizophrenen Schub leidlich gut erholt hatte, wurde im Krankenhaus von seiner Mutter besucht. Er freute sich über ihr Kommen und legte ihr impulsiv seinen Arm um die Schultern, worauf sie erstarrte. Er zog seinen Arm zurück, und sie fragte: ‚Liebst du mich nicht mehr?' Daraufhin wurde er rot, und sie sagte: ‚Lieber, du darfst nicht so leicht verlegen werden und Angst vor deinen Gefühlen bekommen.'" Der Patient war danach nicht mehr in der Lage, Zeit mit seiner Mutter zu verbringen, und bekam einen Tobsuchtsanfall. Bateson kommentiert: „Es liegt auf der Hand, daß dieser Ausgang hätte vermieden werden können, wäre der junge Mann in der Lage gewesen zu sagen: ‚Mutter, es ist offensichtlich, daß du dich unbehaglich fühlst, wenn ich meinen Arm um dich lege, und daß es dir schwerfällt, eine zärtliche Geste von mir zu akzeptieren.' Dem schizophrenen Patienten steht diese Möglichkeit jedoch nicht offen." Der junge Mann steht vor dem folgenden Dilemma: Er darf nicht auf die ablehnende Geste der Mutter reagieren, weil sie dann verbal seine Liebe in Frage stellt. Die ablehnende Geste zeigt ihm aber nonverbal, daß sie seine Annäherung nicht will. „Das unmögliche Dilemma lautet also: ‚Wenn ich meine Bindung an Mutter behalten will, darf ich ihr nicht zeigen, daß ich sie liebe, aber wenn ich ihr nicht zeige, daß ich sie liebe, werde ich sie verlieren.'"[22]

Damals glaubte die Forschergruppe um Bateson, die Schizophrenie habe allein psychische Ursachen und fast immer sei die Mutter schuld. Der Terminus „schizophrenogene Mutter" machte viele Mütter zu Schuldigen an der Erkrankung ihrer Kinder. Diese These wurde inzwischen als unhaltbar verworfen. Wenn in jeder Familie, in der Double-Binds vorkommen, zwingend Schizophrenie ausbrechen würde, hätte die Erkrankung epidemische Ausmaße. Auch die Hypothese, diese Psychose entstehe allein aufgrund einer Stoffwechselstörung, konnte nicht erhärtet werden.

Der Hochschullehrer und Psychiater Klaus Dörner und die Diplompsychologin Dr. Ursula Plog schreiben dazu in ihrem Lehrbuch: „Irren ist menschlich": „Einerseits anerkennen diejenigen, die die sozialen und psychischen Faktoren vorrangig wahrnehmen, daß diese nur deswegen wirken können, weil sie auf eine entsprechende ererbte Struktur treffen, d. h. auf den Menschen… mit seiner ‚Ausstattung', z.B. ‚Überempfindlichkeit'. Andererseits anerkennen diejenigen, die vorrangig auf die biologische, somatische Seite gucken und dort forschen, daß es sozialer und psychischer Faktoren bedarf, um ein Individuum zu schizophrenem Handeln zu nötigen. Es besteht unserer Ansicht nach keine Chance für Entweder-Oder-Antworten. Immer besteht ein bio-psychisch-sozialer Zusammenhang." Zur These der Verbindung von Double-Binds und Schizophrenie sagen sie: „Immerhin legt die Konvergenz der Ergebnisse unterschiedlicher Untersuchungen nahe, daß eine ambivalente (*double-bind*) Bindung an das Kind – gleichzeitige Feindseligkeit und übermäßig ausgetragene Zuneigung – dazu beiträgt, daß das Kind „ichschwach" wird. Das würde heißen, daß eine unklar strukturierte psychosoziale Gesamtsituation mit mangelnder Vorhersagbarkeit die geringe Belastbarkeit und große Sensibilität dieser Menschen überfordern könnte."[23]

Die Tatsache, daß Double-Binds nicht zwingend Psychosen auslösen, sondern „nur" zu ihrem Entstehen beitragen, ist wohl kaum dazu geeignet, diese Kommunikationsstörung zu verharmlosen. Sie führt das Kind in jedem Falle in eine ausweglose Situation. Da die verbale Botschaft der nonverbalen Gestik klar widerspricht, kann das Kind *nie* richtig reagieren. Leider sind Double-Binds gar nicht so selten. Kann man das erste Beispiel Batesons, bei dem es immerhin um eine schizophrene Erkrankung geht, noch weit von sich und seiner Realität weisen, kommt das folgende Beispiel dem „normalen" Familienalltag erschreckend nahe. Bateson berichtet von einer Mutter, die vor Nähe Angst hat. Diese Angst empfindet sie auch, wenn ihr Kind ihre Nähe möchte. Da für sie Angst und Feindseligkeit ihrem Kind gegenüber nicht akzeptabel sind, leugnet sie diese dergestalt, daß sie sich nach außen hin liebevoll verhält, „um das Kind dazu zu veranlassen, auf sie wie auf eine liebende Mutter zu reagieren… Kommen in der Mutter etwa feindselige (oder zärtliche) Gefühle gegenüber ihrem Kind auf..., dann könnte sie sagen: ‚Geh ins Bett, du bist sehr müde, und ich möchte, daß du deinen Schlaf bekommst.' Mit dieser nach außen hin liebevollen Bemerkung soll ein Gefühl geleugnet werden, daß man so in Worte fassen könnte: ‚Geh mir aus den Augen, ich kann dich nicht mehr sehen.'"[24]

Worauf soll das Kind reagieren? Es spürt instinktiv, daß die Mama seine Nähe nicht ertragen kann, denn Menschen, die Angst vor Körperkontakt haben, verkrampfen bei Berührung und werden stocksteif. Gleichzeitig hört das Kind aus dem Mund der Mama liebevolle Worte.

Double-Binds lösen Wut, Hilflosigkeit und Verwirrung aus. Ein Mensch, der in einer Familie groß wurde, in der Double- oder sogar Multi-Binds verwendet werden, wächst mit dem Gefühl auf, es nie richtig machen zu können. Er ist über seinen Selbstwert zutiefst verunsichert, und oft klagen solche Menschen darüber, daß sie gar nicht wissen, wer sie sind. Es mangelt ihnen an Ichgefühl. Häufig sind sie *lebende Antennen*, ständig aufnahmebereit für Signale von außen. Wie besessen versuchen sie, diese Zeichen auszuwerten, um sich daran orientieren zu können, da ihnen die innere Orientierung fehlt. Ein Mensch, der nichts richtig machen kann, ist zutiefst verunsichert und meist sehr unglücklich.

Derjenige, der Double-Binds gebraucht, kontrolliert die Beziehung, wobei wir noch einmal darauf hinweisen, daß es sich *nicht* um bewußt eingesetzte Kontrolle, sondern um eine unbewußte Kommunikationsstruktur handelt. Wir denken, daß jede Mutter und jeder Vater zuweilen in die Gefahr kommen, Double-Binds zu gebrauchen. Eine ernsthafte Störung entsteht erst, wenn dieses Kommunikationsmuster ständig gebraucht wird und das Kind keine Möglichkeit hat, diesem Muster zu entkommen oder, wie die Mitglieder der Mailänder Schule es ausdrücken, „das Spielfeld zu verlassen".

Wenn Sie bedenken, daß wir unsere Lebensregeln aus der Familie lernen, wird es Sie nicht überraschen, daß ein Kind aus einer solchen Familie dasselbe Kommunikationsmuster einsetzt. Wenn wir also bei einem Klienten Double-Binds bemerken, können wir direkt auf seine Familie schließen. Es braucht schon etwas Übung, um dieses Kommunikationsmuster zu durchschauen. Oft erkennen wir es daran, daß wir trotz ausführlicher Vorbesprechung keinen klaren Auftrag erarbeiten können.

Nicht immer geht es so eindeutig zweideutig zu wie bei einer Klientin, die uns den Auftrag gab, sie wolle sich innerlich von ihrem Exmann trennen. Als wir ihr Ziel wiederholten und fragten: „Du bist dir also noch nicht sicher, ob du dich wirklich von ihm gelöst hast?“, antwortete sie: „Doch, natürlich, ich habe mich ja längst von ihm getrennt.“ Wir hakten nach: „Meinst du, daß du aus der gemeinsamen Wohnung ausgezogen bist, oder meinst du die innere, seelische Trennung?“ Sie erwiderte: „Das ist alles längst abgeschlossen!“ „Dann müssen wir daran ja nicht mehr arbeiten“, wandten wir ein. „Wieso?“ fragte sie, „ich habe doch ganz klar gesagt, daß ich mich von ihm trennen möchte!“ Vor den staunenden Augen der Gruppe wiederholte sich dieses Kommunikationsmuster noch mehrere Male, bis wir die Doppelbotschaft aufdeckten.

Auch Double-Binds sind eine Überlebensstrategie und wollen ein Problem lösen. Da sich die beiden zur Wahl stehenden Möglichkeiten bei der Doppelbotschaft gegenseitig ausschließen, *muß sich nichts ändern*! Für einen Menschen, der sich in seiner Familie nicht orientieren kann, scheint es am besten zu sein, wenn alles so bleibt, wie es ist. Stellen Sie sich vor, Sie befinden sich psychisch in undurchdringlichem Nebel. Den Platz, auf dem Sie stehen, kennen Sie gut, doch jeder Schritt in jede Richtung führt ins Ungewisse, und so bleiben Sie sicherheitshalber, wo Sie sind. Dabei hilft Ihnen der Double-Bind. Wir dürfen nicht vergessen, daß wir Experten in unseren Verhaltensmustern sind. Dort kennen wir uns aus, wir wissen, wie wir auf andere wirken und was von anderen auf uns zukommt. Wenn wir etwas Grundsätzliches verändern, gehen wir ein Risiko ein. Wir betreten Neuland, für das wir keine Karte besitzen, und wir wissen auch nicht, ob uns das Neue gefallen wird.

Weil sich Klienten mit Double-Binds häufig unbewußt gegen eine Veränderung sträuben, stehen wir als Therapeuten vor einem Dilemma: Unsere Interventionen zielen auf Veränderung ab, doch unbewußt will der Klient keine Veränderung. Wir werden zwangsläufig scheitern, und der Klient macht wieder einmal die für ihn äußerst frustrierende Erfahrung, daß ihm nicht zu helfen ist. Deshalb sind wir dazu übergegangen, bei Doppelbotschaften in erster Linie am Kommunikationsmuster zu arbeiten. Meist sind die Klienten damit sehr einverstanden, weil sie endlich begreifen, warum sie stagnieren. Ein Klient, der nach dem Motto lebt, „es geht mir gut, wenn es mir schlecht geht" (gar nicht so selten!), kann von einer therapeutischen Arbeit wie einer Aufstellung gar nicht profitieren. Erst wenn er dieses Muster kennengelernt und Erfahrungen mit der Eindeutigkeit gesammelt hat, kann er die Interventionen für sich nutzen.

Die Gruppe kann die Arbeit an Double-Binds sehr unterstützen. Zum Beispiel wird die durch dieses Kommunikationsmuster verursachte Verwirrung deutlich, wenn der Klient durch ein Spalier von Menschen geht, die gleichzeitig einander ausschließende Lösungen rufen. Wenn die eine Seite: „Ich bin glücklich!" brüllt und die andere Seite: „Ich bin unglücklich!", wird klar, daß beide Gefühle *nicht gleichzeitig sein können*. Die Auflösung des Double-Binds besteht in der Erkenntnis, daß Glück und Unglück *nacheinander* empfunden werden. Es gibt Zeiten, da ist man glücklich, *und* es gibt Zeiten, wo man unglücklich ist. Beides hat zu unterschiedlichen Zeiten seine Berechtigung.

Oft üben wir die Eindeutigkeit in Rollenspielen, was allen Beteiligten sehr viel Spaß macht. Ich erinnere mich an eine Klientin, die sich darüber beklagte, daß sie in Gaststätten oft von Männern belästigt werde, die ihr „eindeutige“ Angebote machten. Ärgerlich sagte sie, die Männer wollten ihr „Nein“ einfach nicht akzeptieren. Sie wagte kaum noch, abends auszugehen, und wollte herausfinden, warum ihr so etwas ständig passierte.

Da wir wußten, daß sie mit Double-Binds zu tun hatte, boten wir ihr an, für uns eine typische Szene in einer Kneipe darzustellen. Sie baute mit Stühlen einen Tresen, setzte sich davor und bat mehrere Männer aus der Gruppe, sich ihr gegenüberzusetzen und sie anzusprechen. Grinsend kamen die Männer dieser Aufforderung nach. „He, Puppe, wie wär's mit uns beiden?“ fragte einer, und sein Gesichtsausdruck ließ keinen Zweifel, was er damit meinte. Sie lächelte ihn an, sagte: „Nein, das möchte ich nicht“, und blieb sitzen. „Ach, Schätzchen, sei doch nicht so“, insistierte der Mann. „Nein, lieber nicht“, erwiderte sie strahlend und blieb sitzen. „Seht ihr, so ist es immer“, erklärte sie der Gruppe, „die Männer respektieren meinen Willen einfach nicht!“

Wir machten sie darauf aufmerksam, daß sie durch ihr Lächeln und Sitzenbleiben nonverbal positiv auf die Anfrage des Mannes reagierte. Da ihre Körpersprache Einverständnis signalisierte, nahm der Mann ihre ablehnenden Worte gar nicht ernst. Sie gebrauchte einen klassischen Double-Bind. Jetzt begann für die Klientin die therapeutische Arbeit. Sie übte immer wieder, bei der Ablehnung des Angebots nicht zu lächeln. Plötzlich wurde ihr klar, daß sie in ihrer Familie bestraft wurde, wenn sie etwas ablehnte, was die Erwachsenen von ihr wollten. So hatte sie sich angewöhnt zu lächeln, wenn sie ihrem „Nein“ die Schärfe nehmen wollte. Sie erkannte, daß sie als erwachsene Frau andere Möglichkeiten hatte.

Schritt für Schritt arbeitete sie an der Übereinstimmung von Körpersprache, emotionalem und verbalem Ausdruck. Die Männer aus der Gruppe blieben unbestechlich. Erst als sie die Angebote wirklich eindeutig ablehnte, ließen sie ihr Nein gelten und zogen sich zurück.

Der Gruppe macht diese Art der Arbeit große Freude, und es wird viel gelacht. Nie verlieren wir Therapeuten jedoch das Ziel aus dem Auge: das Üben der Eindeutigkeit. Unserer Erfahrung nach unterstützt die heitere Stimmung jedoch den therapeutischen Prozeß. Wir machen ein Rollenspiel: Weil der Klient das dysfunktionale Verhaltensmuster als Kind lernte, kann er das neue Verhalten in seinem kindlichen Aspekt spielerisch ausprobieren und üben. Beim Spielen ist es nicht schlimm, wenn etwas nicht sofort perfekt gelingt. Ein Kind darf Fehler machen, um daraus zu lernen. So ist der Erwachsene in seinem kindlichen Aspekt viel entspannter und kann meist über sich lachen. Außerdem zeigt das Feedback der Mitspieler sofort, wann das gewünschte Ziel erreicht ist.

Wer mit Double-Binds aufgewachsen ist, wird sie nicht durch eine einzige Aufstellung los, doch meist sind die Klienten sehr glücklich, weil sie endlich wissen, warum ihre Mitmenschen wütend oder verwirrt auf sie reagieren. Eine Klientin, die sich verbal sehr selbstbewußt gab und nonverbal gleichzeitig ihre Hilflosigkeit demonstrierte, sagte uns nach der Aufstellung: „Mein Mann ist oft wütend auf mich. Er sagt mir dann, er könne mich überhaupt nicht einschätzen. Es mache ihn wahnsinnig, doch er wisse nicht, woran er bei mir sei. Er hat sich von mir getrennt. Jetzt weiß ich endlich, wovon er spricht. Vielleicht haben wir ja doch noch eine Chance." Beim nächsten Seminar Monate später berichtete sie strahlend, ihr Mann habe eine so deutliche Veränderung bei ihr wahrgenommen, daß er die Trennung rückgängig gemacht habe und wieder in die gemeinsame Wohnung eingezogen sei.

Kapitel 11

Familienstellen und Spiritualität

„In meinen Augen ist Spiritualität unsere Verbindung zum Universum und die Grundlage unserer Existenz und deshalb wesentlich für den therapeutischen Kontext.“[25]

Virginia Satir

Dieses Kapitel ist ein ganz persönliches Kapitel, in dem wir unser Verständnis von Spiritualität in Verbindung mit Psychotherapie vermitteln wollen. Uns ist der spirituelle Weg sehr wichtig, doch da sich unter diesem Begriff die verschiedensten Strömungen tummeln – von Buddhismus über engagiertes Christentum, Sufismus und Esoterik bis New Age –, möchten wir uns von einigen Wegen ganz klar abgrenzen. Damit richten wir uns nicht pauschal gegen Menschen, die sich in diesen Strömungen wohl fühlen. Wir wollen wirklich niemanden, der sich mit Esoterik beschäftigt, abwerten oder angreifen, denn wir kennen in den unterschiedlichsten Gruppierungen wunderbare Menschen! Uns ist es im besten Sinne gleich-gültig, wodurch sich ein Mensch entwickelt. Es sind bestimmte Verhaltensmuster in der „Szene“, gegen die wir uns hier richten.

Spiritualität ist nicht Esoterik, obwohl darunter oft dasselbe verstanden wird. Esoterik beschäftigt sich mit okkultem, das heißt geheimem Wissen, das heute allen Menschen, die sich dafür interessieren, durch Bücher und Kurse zugänglich gemacht worden ist. Nun gibt es zuweilen

Gruppierungen, die ihren Anhängern vermitteln, Spiritualität sei etwas Besonderes, etwas, was die Menschen voneinander unterscheide und sie trenne in die Unspirituellen – die geistig Unentwickelten, die Fleisch essen und ihre Leben lang nach Besitz, Macht und körperlichen Freuden streben – und die Spirituellen – die sich vor allem um ihre geistige Entwicklung bemühen. Es liegt auf der Hand, daß das Streben nach geistiger Entwicklung im allgemeinen höher bewertet wird.

Man sollte meinen, daß sich diese Schulen gegenseitig wertschätzen und unterstützen, weil ja alle das Höchste und Edelste im Menschen fördern wollen, doch da unterliegt man einem schweren Irrtum! Gerade in der Esoterikszene wird massiv darum gekämpft, wer „die wahre Wahrheit“ besitzt. Der eigene Weg ist natürlich immer der richtige, der eigene Guru mindestens Gott in Menschengestalt, während sich alle anderen auf dem Holzweg befinden.

Der Begriff der Hierarchie, der allein die Verantwortung unter Menschen regeln soll, wird hier oft mißbraucht, um Menschen als höher- oder minderwertig zu klassifizieren. Urteilsfreudigkeit und Sendungsbewußtsein sind weit verbreitete Eigenschaften, und wehe dem, der sich in den Fängen eines solchen Missionars befindet: Es kann ihm passieren, daß er nur aufgrund der Tatsache, die „falsche“ Farbe zu tragen (zieht das negative Karma der vergangenen Jahrhunderte an) oder die „falsche“ Nahrung zu essen (verhindert die Erleuchtung), zu einem verbesserungsbedürftigen Individuum abgestempelt wird, das, wenn es dieses bedauerliche Fehlverhalten nicht aufgibt, die „richtigen“ Bücher liest und die „richtigen“ Kurse besucht, kaum etwas Gutes vom Leben erwarten kann.

Der Autor und Wissenschaftsjournalist Holdger Platta rückt die Esoterik in seinem Artikel „Zu rechtsextremistischen Denkstrukturen in der zeitgenössischen Esoterikbewegung“ (Psychologie Heute, Juli 1997) gar in die Nähe des Faschismus. Wenngleich wir längst nicht in allen Punkten mit ihm übereinstimmen, legt er mit seinem Vergleich esoterischer Grundüberzeugungen mit faschistischen Denkmustern den Finger auf die Wunde: Der unbedingte Glaube an den Guru, verbunden mit bedingungslosem Gehorsam, der Anspruch der einzelnen Richtungen auf totale geistige Führerschaft und die Überzeugung der Anhänger, erleuchteter oder eingeweihter und damit wertvoller zu sein als der Rest der Menschheit, zeigt erschreckende Ähnlichkeiten mit den Grundzügen des Faschismus.

Unserer Überzeugung nach ist Spiritualität nichts Besonderes. Sie ist ein Aspekt des Menschseins. *Jeder* Mensch ist spirituell, weil er lebt und liebt. Es ist uns Menschen unmöglich, Leben zu erschaffen; eine höhere Macht, als wir es sind, gibt uns und allen anderen Wesen Leben. Es spielt keine Rolle, wie wir diese höhere Macht nennen; sie hat viele Namen: Gott, Jesus Christus, Allah, Brahma, Schöpfer, Großer Geist usw.

Spiritualität ist einfach. Sie braucht keine komplizierten Rituale, was nicht bedeutet, daß Rituale nicht spirituell sein können. Doch auch ohne Rituale ereignet sich Spiritualität, wenn wir uns mit der Natur verbunden fühlen, wenn wir in einem Musikstück aufgehen, ein Kunstwerk betrachten oder einem Gedicht nachspüren. Spiritualität kann im Tanz, beim Laufen, beim Reiten, beim Tauchen, bei der sexuellen Vereinigung mit einem geliebten Partner, ja, bei jeder körperlichen Betätigung erlebt werden. Immer wenn wir uns als Teil eines großen Ganzen fühlen und erfahrbar wird, daß das, was wir erleben, über uns hinausgeht, erfahren wir Spiritualität – im Wunder einer aufbrechenden Seerosenknospe im Gartenteich, im Duft der frisch erblühten Rose, im ersten zarten Grün der Blätter nach dem Winter, in der Farbenpracht des Herbstlaubs und im zarten Filigran des Rauhreifs auf den kahlen Ästen vor dem kühlen Blau des Winterhimmels. Und im Wunder neuen Lebens! Wenn ein Kind geboren wird, stehen wir ehrfürchtig staunend vor dem lebendigen Wesen, das sich uns anvertraut. Die unendliche Lebenskraft, die auch in uns wohnt, offenbart sich uns, wenn wir mit wachen Sinnen und offenem Herzen durchs Leben gehen.

Spiritualität bedeutet, den lebenspendenden Funken dieser höheren Macht – die Lebenskraft – in sich selbst uneingeschränkt wahrzunehmen und wertzuschätzen. Das heißt, daß wir uns selbst uneingeschränkt wertschätzen und lieben – jeden Aspekt von uns.

Spiritualität führt immer nach innen. Äußere Hilfen mögen Anregungen geben, doch sie können auch ablenken. Es geht nicht darum, die Aura sehen zu lernen, telepathische Botschaften senden zu können oder nur noch von Licht zu leben. Alle großen Lehrer der Menschheit haben vor solchen Phänomenen gewarnt. Es geht nur darum, sich selbst mit allen Schattenseiten innig zu lieben. Die Entdeckungsreise nach innen ist nicht spektakulär und kommerziell wenig ausschlachtbar, doch es gibt keinen spannenderen, lohnenderen Weg als diesen.

Viele unserer Aspekte lieben wir bereitwillig – unsere Begabungen, Stärken, Fähigkeiten. Andere Aspekte mögen wir weniger oder gar nicht – unsere Ecken und Kanten, unsere vermeintlichen Fehler oder Charakterschwächen. Und dann gibt es jene Anteile, die wir so tief in uns vergraben haben, daß wir uns lange Zeit der Illusion hingeben können, sie existierten nicht. Solche Anteile äußern sich versteckt als lästige Symptome oder Stimmungen, die wir ignorieren – so lange es eben geht.

Liebe unterscheidet nicht. Sie urteilt nicht. Sie gibt den Raum, der nötig ist, daß sich der verborgene, gequälte Anteil unserer Seele, der sich in Symptomen äußert, hervortraut. Oft nennen wir diesen Anteil „das innere Kind“, denn meist sind es die Erlebnisse in der Kindheit, die so entsetzlich für uns waren, daß wir sie verdrängt haben. Was glauben Sie, in welchem emotionalen Umfeld kann sich dieses innere Kind entfalten? Glauben Sie, daß Ihr inneres Kind Ihnen seine Nöte offenbart, wenn Sie Ihre Depression, Ihr Symptom, Ihre Krankheit oder Charakterschwäche ablehnen, bekämpfen oder ignorieren? Oder könnte es sein, daß Sie es damit nur noch tiefer in die Verzweiflung treiben und damit die Heilung verhindern, die Sie so dringend wünschen?

Spirituell zu sein bedeutet unsere unvollkommenen Anteile nicht zu verurteilen, sondern sie in Liebe anzunehmen, um sie der Transformation zugänglich zu machen. Sie gehören zu uns, ob wir es wahrhaben wollen oder nicht. Und manche Charakterschwäche ist bei Licht besehen ein Hilferuf der Seele, und wenn dieser verstanden worden ist, löst sich der vermeintliche Fehler von selbst auf. Nur wenn wir uns selbst in dieser Weise bedingungslos lieben, sind wir in der Lage, auch andere Menschen zu lieben.

Liebe will nichts für sich. Liebe will nicht helfen. Liebe schafft nur die Bedingungen, in denen Veränderungen möglich werden. Jeder muß sein Verhalten selbst ändern. Niemand kann einem anderen dabei helfen, doch die Bedingungen, die Veränderungen fördern, die kann man schaffen. Virginia Satir spricht davon, daß Klienten, die von vielen Therapeuten aufgegeben waren, in ihrer Praxis aufblühten, weil es ihr gelang, mit der Seele dieser Menschen in Kontakt zu treten. Arist von Schlippe und Mohammad El Hachimi nennen die Liebe „eine zentrale therapeutische Qualität“[26]. Wir können das aus unserer Praxis nur bestätigen. Es scheinen Wunder zu geschehen, wenn die Seele liebevoll angesprochen wird. Der tibetische Lama und Psychotherapeut Chögyam Trungpa Rinpoche, der in Boulder, Colorado, die erste staatlich anerkannte Universität für ost-westliche Studien gründete, wo man auch die von ihm begründete buddhistische kontemplative Psychotherapie studieren kann, äußert sich zu dem seiner Meinung nach grundlegenden Unterschied zwischen der buddhistischen und der westlichen Psychologie: „Die buddhistische Psychologie basiert (im Gegensatz zur westlichen) auf der Idee, daß menschliche Wesen grundlegend gut sind. Ihre fundamentalen Eigenschaften sind positiv." Probleme sieht er als „vorübergehende, oberflächliche Verschmutzungen", die das grundlegende Gutsein eines Menschen nur verdecken. „Wenn Probleme auftauchen, werden sie zu Lernsituationen … sie werden zu Gelegenheiten, um mehr über den eigenen Geist herauszufinden und auf dem Weg voranzukommen"[27].

Auch wir glauben an den guten, den heilen Teil in jedem Menschen, und an diesen Teil richten wir uns. Wir glauben, daß Menschen im allgemeinen das Beste wollen. Daß sie oft nicht im besten Sinne handeln, liegt zu einem nicht geringen Teil an ihren Startbedingungen. Wenn Kinder von ihren Eltern abgewertet, mißbraucht und geschlagen werden, ist die Gefahr, daß sie selbst abwerten, mißbrauchen und gewalttätig werden, sehr groß. Obwohl wir uns an diesen „heilen" Teil im Menschen wenden, heißt das nicht, daß wir Mißstände nicht beim Namen nennen. Es gibt durchaus Verhaltensstrukturen, die zum Wohle aller geändert werden sollten. Doch der Wert eines Menschen bemißt sich nicht an seinen Fehlern. Er ist nicht weniger wert als jemand, der diesen Fehler nicht gemacht hat: Wir sind alle gleichermaßen wertvoll. Die Verantwortung für seine Fehler, ja manchmal sogar seine Schuld, muß jeder selbst tragen. Die Seele ist davon nicht betroffen.

Virginia Satir, die als erste Psychotherapeutin den spirituellen Aspekt des Menschen in die Therapie einführte, drückt dies folgendermaßen aus: „Beim Bemühen um Verhaltensänderung kann es leicht passieren, daß die Seele zermalmt und damit der Körper verkrüppelt und der Geist abgestumpft wird. Dies passiert hauptsächlich dann, wenn der Wert einer Person mit der Art ihres Verhaltens gleichgesetzt wird. Wenn wir andererseits bedenken, daß Verhalten etwas ist, das wir erlernen, so können wir gleichzeitig die Seele ehren und ein positiveres Verhalten fördern“[28].

Auch für uns geht es in erster Linie bei der Therapie – ob mit Einzelklienten, Paaren, Familien oder in der Gruppe – darum, eine förderliche Atmosphäre zu schaffen, in der Verhalten verändert werden kann. Diese Atmosphäre entsteht durch die wertschätzende, nicht urteilende, annehmende Liebe. Wenn wir fähig sind, uns selbst zu lieben, überträgt sich diese Liebe auf alle Menschen, mit denen wir zusammen sind. Jeder, der sich von dieser Liebe berühren läßt, entdeckt diese Fähigkeit in sich selbst. Besonders beim Familienstellen empfinden schon nach wenigen Stunden häufig alle Mitglieder der Gruppe Liebe und Wertschätzung für einander; nur selten sperrt sich jemand gegen diese heilende Kraft. Voller Hingabe unterstützen sich die Menschen bei ihren Prozessen und stellen sich selbst für die schwierigsten, belastendsten Rollen zur Verfügung, um demjenigen, der seine Familie stellt, die Lösung zu erleichtern. Ein solcher Kontext begünstigt erfolgreiches Arbeiten.

Zuweilen glauben Menschen, die einen spirituellen Weg gehen, das heißt, die intensiv nach jenem Teil ihrer selbst streben, der heil ist, heil war und immer heil sein wird, daß ihre Meditationspraxis oder die Beschäftigung mit höheren Wahrheiten vollkommen ausreichen, um Unstimmigkeiten im Alltagsleben oder in ihrer Persönlichkeitsstruktur zu klären.

Christiane erinnert sich an einen etwa vierjährigen Jungen, den die Eltern wegen seiner Alpträume zu ihr in die Kindertherapie brachten.

Nach einigen Wochen malte er den Grund seiner Angstträume: Er wurde von einem drei Jahre älteren Knaben im Kindergarten tyrannisiert. Als die Eltern die Erzieherin darauf ansprachen, meinte diese, sie wolle sich in einer Meditation an die Schutzengel der Kinder wenden und diese bitten, den Streit beizulegen. Nicht, daß wir nicht an die Macht von Meditation und Gebet glauben würden! Doch in diesem Fall hätte ein entschiedenes Eingreifen der Erzieherin und eine grobstoffliche Ermahnung des älteren Jungen den Kleineren direkt entlastet.

Da sich die Erzieherin nicht dazu veranlaßt sah, dem Kleinen zu helfen, übte Christiane mit ihm in Rollenspielen, dem Älteren Grenzen zu setzen. Sie stärkte seine kämpferischen Anteile und vermittelte ihm, sie habe volles Vertrauen, daß er diese Situation auch ohne Hilfe der Erzieherin bewältigen könne. Der Junge war selbstbewußt genug. Beim nächsten Übergriff des Älteren baute er sich vor diesem auf und brüllte: „Das will ich nicht! Laß mich in Ruhe!“, was den Großen so beeindruckte, daß er von ihm abließ. Als der kleine Klient am Ende des Jahres den Wunsch äußerte, den Kindergarten zu wechseln, waren die Eltern einverstanden.

Wir haben oft den Eindruck, daß Menschen, die ihre Spiritualität besonders in den Vordergrund rücken, ihrer Alltagsproblematik ausweichen. Sie scheinen zu glauben, daß sich die noch unbearbeiteten Teile ihrer Persönlichkeit einfach in Luft auflösen, wenn sie sich nur mit ihrem höchsten Aspekt zu identifizieren versuchen, oder, wie Bert Hellinger sagt, sie „unternehmen den Versuch, etwas abzukürzen oder zu vereinfachen, was zum Gelingen den vollen Weg und die volle Zeit braucht“. Wir haben noch nie erlebt, daß dieses Vorgehen die erhofften Früchte trägt. Bestimmte Schritte lassen sich eben doch nicht überspringen. Hellinger weist auf die „gefährliche Hybris“ hin, die darin bestehe, „unsere

Vernetzung und unsere Verstrickung zu leugnen."[29] Bevor der „Keller" nicht „ausgemistet" ist, bleibt der „Dachboden" unsicheres Terrain.

Der Psychotherapeut Jürgen Derbfuss, der neben seiner Praxis ein buddhistisches Zentrum leitet, spricht dieses Problem aus eigener Erfahrung ganz offen an: „Oft wollen die Schüler nichts weiter, als unter dem Vorwand, sich mit ‚spirituellen Problemen' zu befassen, Kindheitsdramen ausagieren. Deshalb können Angehörige ‚spiritueller' Gemeinschaften oft so ‚unangenehm' sein, und deshalb mangelt es ihnen oft in augenfälligem Maße an normalen sozialen Verhaltensweisen. Ich halte es für sehr wichtig, daß sich Menschen mit ihrem persönlichen Schmerz auf ‚nicht-esoterische' Weise auseinandersetzen, statt daß sie ihre Neurose unter dem Mantel ‚mystischer Geheimnisse' verbergen."[30]

Christiane pflegt in solchen Fällen eine zugegebenermaßen freche Geschichte zu erzählen: „Stellt euch vor, da steht ein Topf mit Suppe auf dem Herd. Der Koch hat die Flamme unter dem Topf auf die höchste Stufe gestellt, so daß die Suppe brodelnd kocht. Mit der Zeit ist die Küche voller Dampf. Der Koch kann den Inhalt des Topfes nicht mehr sehen und ist verzweifelt. Wie kann er wissen, ob noch etwas fehlt? Er setzt sich hin und meditiert intensiv, um sein Drittes Auge und damit seine Hellsichtigkeit zu entwickeln, denn dann wäre der Dampf kein Hindernis für ihn. Es gäbe allerdings auch die Möglichkeit, die Flamme unter dem Topf kleiner zu drehen. Dann könnte er nach kurzer Zeit die Ingredienzen in der Suppe begutachten." Damit meint sie, daß sich Probleme, die auf der Alltagsebene entstanden sind, am besten und schnellsten auf dieser Ebene lösen lassen.

Häufig werden wir gefragt, ob es nicht wahrscheinlich sei, daß die Probleme in früheren Leben entstanden seien. Das wollen wir gar nicht bestreiten, doch haben wir die Schwierigkeiten heute, um sie hier und jetzt zu bearbeiten. Die Vergangenheit ist vorbei. Nur die Gegenwart läßt sich verändern. In den allermeisten Fällen reicht die Auseinandersetzung mit der Problematik dieses Lebens völlig aus, um Ruhe und Frieden zu finden.

Wir glauben, daß eine auf Liebe gegründete Psychologie und Psychotherapie für viele westliche Menschen eine große Hilfe auf dem spirituellen Weg sein kann. Jede spirituelle Praxis – Gebete, Gottesdienste jeder Religion, Meditation oder Kontemplation – wird erleichtert, wenn wir innerlich Frieden gefunden haben. Wenn sich beide Wege gegenseitig unterstützen, bewegen wir uns wirklich in die von uns gewünschte Richtung.

Beim Familienstellen wird uns wie bei kaum einer anderen Gruppentechnik bewußt, daß wir Menschen alle zutiefst miteinander verbunden sind. Wir sind nicht einsam und isoliert! Wie oft haben uns die großen Lehrer der Menschheit gesagt, daß wir, da wir alle aus derselben Quelle stammen, ein großes Ganzes bilden. Beim Familienstellen können wir erfahren, daß es stimmt. Virginia Satir drückt das so aus: „Jeder von uns beginnt seinen Weg als Knospe an einem universellen Baum des Lebens. Jener Baum verbindet durch seine Wurzeln alle Menschen miteinander. Jeder von uns kann lernen, das kostbare Leben, das uns gegeben wurde, zu lieben und zu pflegen.“[31]

Wenn es uns gelingt, das Gefühl von bedingungsloser Liebe, Gemeinsamkeit und Einheit auf das Alltagsleben zu übertragen, werden wir diesen wunderbaren Planeten, unsere irdische Heimat, zu dem Paradies machen, das uns verheißen ist. Wir sind dankbar für die Möglichkeit, unseren Beitrag dazu leisten zu dürfen.

Christiane und Alexander Sautter

FUSSNOTEN

1 William F. Nerin (1992), Familienrekonstruktion in Aktion, S. 17, Junfermann

2 Satir, Banmen, Gerber, Gomori (1995), Das Satir-Modell, S. 244, Junfermann

3 Gregory Bateson (1979), Geist und Natur, S. 15, Suhrkamp

4 in „Einführung in die Psychologie“ (1994), FernUniversität Hagen, S. 35

5 William Murray in von Bertalanffy, General System Theory, S. 206, Übersetzung der Autorin

6 Ludwig von Bertalanffy (1969), General System Theory, S. 74, Braziller

7 Aus Heinz von Foerster (1986), „Abbau und Aufbau“ im Sammelband „Lebende Systeme“, S. 51, Suhrkamp

8 Satir, Banmen, Gerber, Gomori (1995), Das Satir-Modell, S. 245, Junfermann

9 Bert Hellinger, Zweierlei Glück, S. 110, Carl Auer

10 Paul Watzlawick, in „Einführung in die Psychologie sozialer Prozesse“, Fern-Universität Hagen, S. 82

11 Virginia Satir (1988), Meine vielen Gesichter, S. 45, Kösel

12 Thich Nhat Hanh, Nimm das Leben fest in deine Arme, S. 165, Theseus

13 Rupert Sheldrake (1983), Das schöpferische Universum, S. 13, Ullstein

14 Rupert Sheldrake (1983), Das Schöpferische Universum, S. 68, Ullstein

15 Bert Hellinger (1994), Ordnungen der Liebe, S. 43, Carl Auer

16 Bert Hellinger (1993), Finden, was wirkt, S. 108, Kösel

17 Satir, Banmen, Gerber, Gomori (1995), Das Satir-Modell, S. 33, Junfermann

18 Ursula Ofuatey-Kodjoe, Kinder wollen Kontakt zu beiden Eltern, Psychologie Heute, 2/00

19 Bert Hellinger (1993), Finden, was wirkt, S.31, Kösel

20 Fritz B. Simon (1998), Radikale Marktwirtschaft, Grundlagen des systemischen Managements, S. 14, Carl Auer

21 Satir, Banmen, Gerber, Gomori (1995), Das Satir-Modell, S. 322, Junfermann

22 Gregory Bateson (1985), Ökologie des Geistes, S. 289, 291, Suhrkamp

23 Dörner, Plog (1996), Irren ist menschlich, Lehrbuch der Psychiatrie und Psychotherapie, S. 170, 171, Psychiatrieverlag

24 Gregory Bateson (1985), Ökologie des Geistes, S. 284, 285, Suhrkamp

25 Virginia Satir (1990), Kommunikation, Selbstwert, Kongruenz, S. 427, Junfermann

26 in „Systemische Therapie und Supervision“, System Familie, 1/00, Springer

27 in „Buddhistische und westliche Psychologie“ in der Zeitschrift „Mandala“ 5/96

28 Virginia Satir (1990), Selbstwert, Kommunikation, Kongruenz, S. 431, Junfermann

29 Bert Hellinger (1993), Finden, was wirkt, S. 157, Kösel

30 „Neurosen unter einem spirituellen Deckmantel?“, Mandala, 5/96

31 Virginia Satir (1990), Selbstwert, Kommunikation, Kongruenz, S. 428, Junfermann

PERSONENREGISTER:

LITERATURHINWEISE

Bateson, Gregory, Geist und Natur, Suhrkamp Taschenbuch, 1987

Bateson, Gregory, Ökologie des Geistes, Suhrkamp Taschenbuch, 1985

Bertalanffy, Ludwig von, General System Theory, New York: Braziller, 1975

Buchinger, Kurt, Supervision in Organisationen, Den Wandel begleiten, Carl-Auer-Systeme, 1997

Derbfuss, Jürgen, Neurosen unter einem spirituellen Deckmantel, in Mandala, 5/96

Deutsche Bischofskonferenz, Katholischer Erwachsenen Katechismus, Das Glaubensbekenntnis der Kirche, Verlagsgruppe "engagement", 1985

Advanced Study in Philosophy, University of Madras, 1979

Dörner, Dr. Klaus und Plog, Dr. Ursula, Irren ist menschlich, Lehrbuch der Psychiatrie und Psychotherapie, Psychiatrie-Verlag, 1996

Erdheim, Mario, Esoterik macht selbstgerecht, Psychologie Heute, 7/ 97

Hellinger / Prekop, Wenn ihr wüßtet, wie ich euch liebe, Kösel, 1998

Hellinger, Bert, Familien-Stellen mit Kranken, Kursbuch, Carl-Auer-Systeme, 1995

Hellinger, Bert, Familienstellen mit Psychosekranken, Kursbuch, Carl-Auer-Systeme, 1998

Hellinger, Bert, Finden, was wirkt, Therapeutische Briefe, Kösel 1995

Hellinger, Bert, Haltet mich, daß ich am Leben bleibe. Lösungen für Adoptierte, Carl-Auer-Systeme, 1998

Hellinger, Bert, Mitte und Maß, Kurztherapien, Carl-Auer-Systeme, 1999

Hellinger, Bert, Nachkommen von Tätern und Opfern stellen ihre Familie, Carl-Auer-Systeme, 1998

Hellinger, Bert, Ordnungen der Liebe, ein Kurs-Buch, Carl-Auer-Systeme, 1996

Hellinger, Bert, Was in Familien krank macht und heilt, ein Kurs für Betroffene, Carl-Auer-Systeme, 2000

Hellinger, Bert, Wo Schicksal wirkt und Demut heilt. Ein Kurs für Kranke, Carl-Auer-Systeme, 1998

Hellinger, Bert, Zweierlei Glück, Carl-Auer-Systeme,

Hudson O'Hanlon, Patricia und William, Liebesgeschichten neu erzählen, Ein Lehrbuch für Paare und Therapeuten Carl-Auer-Systeme, 1997

Klever, Peter, Zeig mir den Weg zum Glauben, Ernst Kaufmann

Luczak, Hania, Familien-Bande, Die Macht einer intimen Gemeinschaft, in Geo, 3. 2000

Madanes, Cloé, Sex, Liebe und Gewalt, Therapeutische Strategien zur Veränderung Carl-Auer-Systeme, 1997

Managerie 1-5, Sammelbände zu systemischem Management, Carl-Auer-Systeme

Mc Goldrick, Gerson, Genogramme in der Familienberatung, Hans Huber, 1990

Minuchin, Salvador, Familie und Familientherapie, Theorie und Praxis struktueller Familientherapie, Lambertus, 1992

Neuhauser, Johannes, Wie Liebe gelingt. Die Paartherapie Bert Hellingers, Carl-Auer-Systeme, 1999

Nerin, William F., Familienrekonstruk-

tion in Aktion, Virginia Satirs Methode in der Praxis, Junfermann, 1992
Ofuatey-Kodjoe, Ursula, Kinder wollen Kontakt zu beiden Eltern, in Psychologie Heute, 2. 2000
Platta, Holdger, Zu rechtsextremistischen Denkstrukturen in der zeitgenössischen Esoterikbewegung, Psychogie Heute, 7, 1997
Rotthaus, Wilhelm, Wozu erziehen? Carl-Auer-Systeme
Satir, Banmen, Gerber, Gomori, Das Satir-Modell, Familientherapie und ihre Erweiterung Junfermann, 1995
Satir, Virginia, Meine vielen Gesichter, Wer bin ich wirklich? Kösel, 1988
Satir, Virginia, Kommunikation, Selbstwert, Kongruenz, Junfermann, 1990
Satir, Virginia, Muster ihres Zaubers, Junfermann, 1994
Schlippe, Arist v. Familientherapie im Überblick, Basiskonzepte, Formen, Anwendungsmöglichkeiten, Junfermann, 1995
Schlippe, Arist v., El Hachimi, Mohammed, Systemische Therapie und Supervision in multikulturellen Kontexten, in System Familie, Band 13, 1/00
Selvini Pallazzoli, M. et al., Paradoxon und Gegenparadoxon, Klett, 1977
Shazer, Steve, Das Spiel mit Unterschieden, Carl-Auer-Systeme, 1998
Sheldrake, Rupert, Das schöpferische Universum, Ullstein, 1998
Simon, Fritz B., Die andere Seite der Gesundheit, Carl-Auer-Systeme,
Simon, Fritz B. (Hersg.), Lebende Systeme, Wirklichkeitskonstruktionen in der systemischen Therapie, Suhrkamp, 1997
Simon, Fritz B., Meine Psychose, mein Fahrrad und ich, Carl-Auer-Systeme,
Simon, Fritz B., Radikale Marktwirtschaft, Grundlagen des systemischen Managements, Carl-Auer-Systeme, 1998
Simon, Fritz B., Zirkuläres Fragen, Carl-Auer-Systeme,
Stewart, Whitney, Der Weg zum Löwenthron, Ch. Falk-Verlag
Tomm, Karl, Die Fragen des Beobachters, Schritte zu einer Kybernetik zweiter Ordnung in der systemischen Therapie, Carl-Auer-Systeme, 1996
Trungpa, Chögyam Rinpoche, Buddhistische und westliche Psychologie, in Mandala, 5 /96
Watson, John B. Behaviorismus, Studien-Bibliothek, Kiepenheur & Witsch
Weidenbach, Julia, Dein Papa ist ganz böse, in Psychologie Heute, 2. 2000
Welter-Enderlin, Hildebrand, Bruna (Hrsg.), Gefühle und Systeme, Die emotionale Rahmung beraterischer und therapeutischer Prozesse, Carl-Auer-Systeme, 1998